HEYNE BÜCHER

SACHBUCH

MARGARET STUTLEY

Hinduismus

Eine Einführung
in die
große Weltreligion

Aus dem Englischen von Klaus Dahme

WILHELM HEYNE VERLAG
MÜNCHEN

HEYNE SACHBUCH
19/602

Titel der englischen Originalausgabe:
HINDUISM. THE ETERNAL LAW
Erschienen bei The Aquarian Press (Thorsons Publishing Group),
ein Verlag von HarperCollins Publishers, London

Das Buch erschien als Hardcover
im Otto Wilhelm Barth Verlag unter dem Titel
Was ist Hinduismus?

Besuchen Sie uns im Internet:
http://www.heyne.de

Umwelthinweis:
Dieses Buch wurde auf chlor-
und säurefreiem Papier gedruckt.

Ungekürzte Taschenbuchausgabe
im Wilhelm Heyne Verlag GmbH & Co. KG, München

Printed in Germany 1998
Umschlagillustration: Museum Rietberg/Wettstein & Kauf, Zürich
Umschlaggestaltung: Atelier Adolf Bachmann, Reischach
Gesamtherstellung: Presse-Druck Augsburg

ISBN: 3-453-14127-X

Inhalt

Einleitung

Mit dem Namen Hinduismus bezeichnen die Europäer die religiösen, kulturellen, sozialen, politischen und philosophischen Vorstellungen, die in ihrer Gesamtheit die Lebensweise des Inders bestimmen.

Die Hindus selbst nennen ihre religiöse Tradition «die ewige Ordnung» *(sanātaṇa-dharma)*; sie besteht seit mehr als fünftausend Jahren und damit etwa ebenso lange wie die ungebrochene kulturelle Entwicklung Chinas.

Der Hinduismus verbreitete sich weit über Indien hinaus und wurde bis zum 13. Jahrhundert n. Chr. zur stärksten religiösen Kraft in Südostasien. Später verbreitete er sich auch im Westen: in Ostafrika, auf den Westindischen Inseln, in Europa und den Vereinigten Staaten.

Der klassische und zugleich der moderne Hinduismus erhielt seine charakteristische Gestalt bald nach der Periode der *Upanischaden* (*Upanishads*, etwa 800 bis 400 v. Chr.). Seine Grundlage ist theoretisch die vedische Religion, ein alter, auf die Veden gegründeter Opferkult; aber in Wirklichkeit ist er nur ein Hauptfaktor in einer langen, sich stets fortentwickelnden kulturellen Synthese. Wie alle anderen Religionen hat sich auch der Hinduismus synkretistisch entwickelt. Die vedische Religion wurde durch die arischen Volksstämme nach Indien gebracht, die im zweiten Jahrtausend v. Chr. von den kaukasischen Steppen abwanderten. Einige Stämme ließen sich in Anatolien nieder, andere im Iran, in Nordwestindien, Griechenland, Italien und Westeuropa. Die Arier erreichten Indien in einer ersten Welle um 1700 v. Chr., später folgten zahlreiche weitere Gruppen bis etwa 800 v. Chr.

Obwohl sich die hellhäutigen Arier den dunklen Eingeborenen gegenüber als weit überlegen betrachteten, waren die einheimische dravidische und die Industal-Kultur weitaus höher entwickelt. Aber immer wenn Kriegshandwerk und Waffen entschieden, waren die arischen Eindringlinge im Vorteil.

Viele vedische Vorstellungen haben sich im Hinduismus der Gegenwart erhalten; aber es bestehen auch deutliche Unterschiede. In der vedischen Religion bildeten die Priester die herrschende Klasse; es gab jedoch weder Tempel noch Götterbilder und kaum ein Element persönlicher religiöser Hingabe. Die Priester bekämpften nachdrücklich die Phallusverehrung, die zu dieser Zeit in einigen heimischen Kultgemeinschaften vorherrschte und später im hinduistischen Shiva-Kult in den Vordergrund trat. Aber viele vedische Elemente sind noch in den Familien- und Initiationsriten der oberen Klassen bewahrt.

Der Hinduismus, oder genauer, die Hindutradition, ist eine Verbindung zahlloser religiöser Vorstellungen, Kultformen, Bräuche und Riten. Er kann nicht nur wie eine Religion betrachtet werden, denn er hat weder einen Stifter noch eine Priesterschaft zur Gewährleistung fester Dogmen, noch eine zentrale Organisation.

Der große Umfang und die reiche Vielfalt von Kultformen können nicht in einem einzigen Buch, auch nicht in einem mehrbändigen Werk beschrieben werden. Diese kurze Einführung soll für alle, die für religiöse

Ideen aufgeschlossen sind, eine Anregung sein, sich näher mit dieser alten Tradition zu beschäftigen – mit einer Tradition, die das Denken und die Spiritualität so vieler Mystiker und Seher aus Jahrtausenden umfaßt und zu den höchsten religiösen Werten der Menschheit gehört.

Je nach der Verstandesebene des einzelnen Gläubigen können die unzähligen Gottheiten, Mythen, Riten und Symbole auf verschiedene Weise gedeutet werden, und so könnte man sagen, daß der Hinduismus allen Menschen alles sein kann. Dabei sind die einzelnen Kultformen so unterschiedlich, daß sie außerhalb Indiens als selbständige Religionen angesehen werden. Daß die Hindutradition alle Ausprägungen religiösen Glaubens umschließt, spricht für ihre Dynamik, Flexibilität, Toleranz und ihre große Assimilationsfähigkeit. Wir begegnen in ihr der religiösen Verehrung von Ahnen, von kosmischen Kräften, von Muttergottheiten, von vergöttlichten Helden der Geschichte, von Säugetieren, Vögeln und Schlangen, von Bäumen und Pflanzen, von heiligen Steinen, von unzähligen Lokalgottheiten, Geistern, Gespenstern und himmlischen Wesen, selbstverständlich auch von berühmten Göttern und Göttinnen. Neben dem Polytheismus kennt der Hinduismus auch monotheistische, monistische und selbst atheistische Vorstellungen. Diese verschiedenen Zugänge sind möglich, weil für den Hindu die göttliche Wirklichkeit der transzendent-immanente Grund alles Daseins ist und auf allen Ebenen, an allen Orten und in allen Dingen wahrgenommen werden kann.

Die unterschiedlichen und einander oft widersprechenden Vorstellungen und Überzeugungen rühren von einem Zusammentreffen verschiedener Rassen und Kulturen her. Zu ihnen gehören das Dekkan-Neolithikum von etwa 2000 bis 750 v. Chr.; die Kultur der Draviden, die entscheidend zur Entwicklung des Hinduismus beitrug, besonders in den späteren Kultformen der persönlichen Hingabe; die Stammesgruppen der Urbevölkerung, die nur teilweise im Hinduismus assimilierte, niedrigste Gesellschaftsschicht; und die Kultur der Arier. Aus ihrer Wechselwirkung entstand in stetem Wandel eine Vielzahl neuer religiöser Vorstellungen und Bräuche, die sich weiterentwickelten, veränderten oder nahezu untergingen. Alles, was religiöse Bedeutung hat, wird selten ganz aufgegeben und kann Jahrhunderte später wieder lebendig werden.

Diese Verschiedenheit religiöser Anschauungen spricht für eine duldsame Haltung der meisten Hindus gegenüber Andersgläubigen. Für den frommen Inder besitzt jedes Ding göttliche Kraft, und die höchste Wahrheit liegt jenseits der Begrenzungen, Trennungen und Unterscheidungen der einzelnen Kultformen, deren Anhänger auf verschiedenen Wegen nach der Befreiung streben.

Die aus dem Veda stammende und den meisten Hindukultformen gemeinsame Grundvorstellung ist, daß hinter und über der scheinbaren Vielfalt des Universums eine immanent-transzendente Einheit waltet. Diese Anschauung entspricht der Entdeckung moderner Atomphysiker, daß sich alles im Kosmos aus einem Kern entwickelt hat, der Billionen mal kleiner ist als ein einzelnes Proton, einer der Grundbestandteile des Atoms. Ähnlich haben Molekularbiologen die allen Gestalten zugrundeliegende Einheit in den elementaren Molekülen aufgedeckt. Der große indische Naturwissenschaftler Sir Jayadish Chandra Bose gründete seine wissenschaftlichen Forschungen auf die traditionelle indische Lehre, daß alles, was in Mensch und Tier zu finden ist, auch im pflanzlichen Leben nachweisbar sein muß. Ein indischer Nobelpreisträger, der Kristallograph C. V. Raman, stützte seine Arbeit auf die Lehre, daß die Steine von der geheimnisvollen lebenspendenden Kraft *(brahman)* erfüllt sind: Er wies nach, daß Kristalle, die eine bestimmte Größe erreicht haben, sich ständig verändern.

Im Laufe der Jahrhunderte erlebte der Hinduismus zeitweise eine Hochblüte, dann verfiel er und erholte sich wieder. Mit dem Eindringen des Islam begann für die hohe Hindukultur jedoch eine lange Abwärtsentwicklung, und es flossen viele negative Elemente in sie ein, die in den frühen vedischen Zeiten noch nicht erkennbar waren. Die Heere der Hindukönigreiche, die sich dem gemeinsamen Feind gegenüber nicht verbündeten, konnten den islamischen Invasoren nur wenig Widerstand leisten. Die Eindringlinge zerstörten in Nordindien die prächtigen Tempel und alle religiösen Kunstwerke, derer sie habhaft werden konnten. Zugleich erlosch auch der Buddhismus in Indien. Die großen buddhistischen Klöster mit ihren Tausenden von Mönchen wurden eine leichte Beute der Bilderstürmer, die schnell und mitleidlos die unbewaffneten Einwohner umbrachten und die Gebäude zerstörten. Der Hinduismus aber überlebte.

Während der Besetzung durch die Briten war der Hinduismus auf einem Tiefpunkt angelangt. Später wurde er auch durch die Arbeit zahlreicher englischer Orientalisten wieder belebt. Zu ihnen gehörten Charles Wilkins (1749–1794), ein brillanter Philologe, der die Beziehung der europäischen Sprachen zum Persischen erkannte und die traditionelle Ansicht widerlegte, daß alle Sprachen vom Hebräischen abstammten und beim Turmbau von Babel verstümmelt wurden, sowie Henry

Colebrooke (1765–1837) und Horace H. Wilson (1789–1860). Viele hinduistische Sanskrittexte wurden damals in europäische Sprachen übersetzt, und die Erforschung des Sanskrit machte große Fortschritte. Es ist eine indoeuropäische Sprache, die eng verwandt ist mit dem Hethitischen, dem Altpersischen (Avestischen), dem Griechischen und dem Lateinischen, dem Altslawischen, dem Armenischen und den germanischen und den keltischen Sprachen.

Heute steht die indische Kultur großen Problemen gegenüber. Zu den Nachwirkungen von Jahrhunderten der Fremdherrschaft – wobei Muslime und Briten in gleicher Weise als Eindringlinge zu betrachten sind – kommen gewaltige Aufgaben durch Übervölkerung, Bodensterilität, Armut und Massenanalphabetismus. Glücklicherweise ist der Hinduismus dynamisch genug, sich auszubreiten, sich weiterhin zu wandeln, sich den veränderten religiösen Bedingungen und gesellschaftlichen Bedürfnissen heute und in Zukunft anzupassen, so wie in den vergangenen fünftausend Jahren.

1. Der Veda

Der Ausdruck *Veda* («Wissen») bezeichnet heiliges – im Unterschied zum weltlichen – Wissen, das von den alten inspirierten Sehern, den *rishis*, «geschaut» wurde. Daher werden diese Textsammlungen auch *shruti*, «geoffenbart» genannt. Der Veda umfaßt eine umfangreiche Gruppe religiöser Literatur, die sich durch viele Jahrhunderte entwickelte und ursprünglich mündlich überliefert wurde.

Das vedische Schrifttum bestand ursprünglich aus drei Sammlungen: dem *Rigveda*, dem *Sāmaveda* und dem *Yajurveda*, die unter dem gemeinsamen Namen «Dreifaches Wissen» bekannt sind. Später wurde der magisch orientierte *Atharvaveda* angefügt, dann kamen die *Brāhmanas*, die *Āranyakas* und die *Upanishads* hinzu. Über dreitausend Jahre war der Veda eine Grundlage für das spirituelle, soziale und kulturelle Leben Indiens; er läßt uns viele spätere Lehrsysteme aus hinduistischer Tradition besser verstehen. Die vedische Mythologie ist besonders interessant, weil sie zwischen der indischen Phase der religiösen Ideen und der indo-iranischen wie auch der frühesten indo-europäischen Phase ein Bindeglied darstellt.

Das vedische Schrifttum enthält viele widersprüchliche und unvollkommen verschmolzene Glaubensanschauungen von Stammeskultformen und auch höher entwickelte religiöse Lehren. Die älteste Sammlung, der *Rigveda* («Veda der Verse»), ist die bei weitem interessanteste. Freilich kann zeitlich nicht genau bestimmt werden, seit wann sie zusammengetragen wurde, zumal die Hindus ihre Religion als ewig betrachten. Er scheint über einen langen Zeitraum bis etwa 900 v. Chr. zusammengestellt worden zu sein. Manche Indologen glauben, daß er der Periode vor dem Eindringen der Arier angehört; andere weisen ihn einem Zeitraum zwischen 1400 und 1000 v. Chr. zu, als die Einwanderer sich im Punjab niedergelassen hatten. Die ältesten Hymnen sind in Buch II–VII, die jüngsten in Buch I und X enthalten.

Im vedischen Schrifttum sind mehrere Schöpfungsmythen und verschiedene Formen religiöser Vorstellungen bezeugt, darunter polytheistische, dualistische und monistische Anschauungen. Ein Hymnus im *Rigveda* (1,64) ist monistisch; er verkündet, es gebe nur die eine Kraft oder das Absolute, das geschlechtslose, eigenschaftslose Wirkliche *(sat)*, die Einheit, welche die Welt mit allen Myriaden ihrer Geschöpfe umschließt und die mit so vielen Namen benannt wird: Indra, Mitra, Varuna und anderen. Ein weiterer monistischer Hymnus lehrt, es habe im Anfang weder Sein noch Nichtsein, weder Sterbliche noch Unsterbliche, weder Leben noch Tod gegeben, nur die Leere des Gestaltlosen, durchwirkt vom Wesen des ursprünglich Einen. Ein Hymnus (10,129) verkündet, die Götter seien jünger als die Erschaffung des Weltalls, dessen Anfang keiner kenne. Eine dualistische Metaphysik begegnet in Hymnus 10,82. Dort wird gelehrt, die Wasser hätten den Urkeim enthalten, aus dem dann Vishvakarman hervorging, der Erstgeborene des Universums und Gestalter der Welt aus vorgegebener ewiger Materie. An anderer Stelle wird gesagt, Brahmanaspati, der eigentliche Mittler zwischen den Göttern und den Priestern, habe wie ein Schmied durch Blasen und Schmelzen die Welt erzeugt; aber dann heißt es, die Götter hätten wie beim Tanz eine immer dichtere Staubwolke aufgewirbelt und so alle Dinge entstehen lassen (10,72). Nach Hymnus 10,90 ist das Urprinzip der kosmische Mensch *(purusha)*, eine Art Riese, in dessen gigantischem Körper Welt und Himmel enthalten sind. Bei seiner Opferung entstanden das Weltall und seine Bewohner, und so wird er zur stofflichen Grundlage, zur Ursache des Weltprozesses, den er zugleich übersteigt. Ein anderer Hymnus berichtet, die Schöpfung sei aus der Hitze *(tapas)* hervorgegangen; dabei seien nacheinander die ewige Ordnung und die Wahrheit, dann die Nacht, das Meer und das Jahr als Ganzheit entstanden; darauf habe ein späterer Schöpfer, Dhātar, die Sonne und den Mond, den Himmel und die Erde, und schließlich alles weitere geschaffen. Ein Bruchstück eines alten Mythos, das in Hymnus 10,10 erhalten ist, erzählt wiederum, der Ursprung aller menschlichen Wesen sei das erste Zwillingspaar Yama und Yamī gewesen. Dagegen vermittelt der *Atharvaveda* die philosophische Vorstellung, die Zeit *(kāla)* sei die Ursache alles Seins (19,53). Die gleiche Sammlung spricht von periodischen Schöpfungsprozessen und setzt damit voraus, eine Schöpfung gehe nicht aus dem Nichts hervor, sondern aus einer vorgegebenen Materie. Andere Hymnen weisen die Schöpfung verschiedenen Gottheiten zu; in *Rigveda* 10,41 wird das Weltall als das abgeschlossene Werk eines geschickten Zimmermanns gedeutet.

Obwohl die Arier auch Landwirtschaft betrieben, stützte sich ihre Wirtschaft vor allem auf das Vieh. Es bot Nahrungsmittel und nützliche Nebenprodukte; zugleich war es das wichtigste Zahlungsmittel. Das Vieh war so bedeutsam, daß das Rind verehrt und ihm himmlische Herkunft zugeschrieben wurde. Trotzdem wurden Kühe auch geopfert; daher bestimmt der *Aitareya-Brāhmana*, nach einer Fehlgeburt dürfe eine Kuh für einen König oder andere hochstehende Personen geschlachtet werden. Die vedischen Arier aßen auch Rindfleisch; es wurden jedoch nur unfruchtbare Kühe und Kälber, nie Milchkühe geschlachtet. Ferner war es üblich, für Begräbnisriten eine Kuh zu schlachten. Dabei wurde der männliche Leichnam mit einer Kuhhaut bedeckt, weil sie schützende und wiederbelebende Kräfte haben sollte. Der den Gottesdienst vollziehende Priester erhielt eine lebende Kuh zum Geschenk. Eine Kuh sollte auch die Toten über den Schreckensfluß Vaitaranī tragen, der diese Welt von der anderen scheide. Die ausgeprägte Achtung vor dem Tier wurde noch dadurch gesteigert, daß es Aditi unterstellt war, der vedischen Göttin des natürlichen Überflusses und des unbeschränkten Wachstums. Im Hinduismus ist das Schlachten einer Kuh streng verboten.

Die Arier sahen auf die Ureinwohner Indiens herab und beschrieben sie als dunkelhäutige, plattnasige Phallusverehrer. Sie sonderten sich zunächst von ihnen ab, doch mit den Jahren wurden Mischehen und kultureller Austausch unvermeidlich; das bezeugt allein die große Zahl nichtarischer Wörter im Sanskritwortschatz des vedischen Schrifttums.

Aus dem ganzen *Rigveda* leuchtet eine gesunde Lebensfreude; es fehlt ihm jede extreme, intellektualistische Tendenz zur Weltflucht. Einige Hymnen bezeugen Liebe zur Musik, zum Tanz, zum Trinken und zu dem von den Priestern mißbilligten Glücksspiel. Der Wunsch nach Unsterblichkeit soll nicht nur durch Nachkommen erfüllt werden, vielmehr ist das Ziel ein langes Leben in dieser Welt, denn die gottbestimmte Lebenszeit beträgt «hundert Herbste». So werden die Menschen ermuntert, ein «volles Leben» zu leben und «das Alter köstlich zu finden». Anscheinend sollten sie den Tod nicht fürchten; denn die Toten folgen dem Weg, den Yama, der erste Sterbliche, gehen mußte. Als Gottheit gehört Yama in die indo-iranische vorgeschichtliche Periode. Er ist identisch mit Yima, der im Avesta das erste menschliche Wesen ist, der Ahnherr des Menschengeschlechts. Yama bereitet «drüben» eine angenehme, heitere Wohnstätte vor, wo es ein glückliches Wiedersehen mit geliebten und befreundeten Menschen gibt, wo alles Böse, alle Krankheit und alles Elend überwunden ist. In diesem Reich haben alle Verstorbenen einen neuen, verklärten Leib. Es war anscheinend gebräuchlich, die Toten zu verbrennen; bei den Indo-Europäern war in der Frühzeit wohl die Erdbestattung üblich.

Zu den älteren Göttern des *Rigveda* gehört Varuna, die Verkörperung des Königtums und der höchste Herrscher, der in der Zeit der Sammlung des *Rigveda* den alten indo-europäischen Himmelsgott Dyaus verdrängte. Varuna wird angerufen, um Sünden zu vergeben. Er bestimmt und ordnet die Bahnen von Sonne und Mond, den Wechsel der Jahreszeiten; er verhütet auch das Überfluten des Ozeans. Mit seiner Schlinge *(pāsha)* bindet er die Sünder oder schlägt sie mit Lähmung und Wassersucht. Seine Verehrer fürchten ihn, denn seine Wege sind meist gerecht, aber unerforschlich. Er ist eng verbunden mit den kosmischen Wassern, die im Anfang waren. Alle ertrinkenden Lebewesen kommen in sein Reich. Trotz seiner hohen Einschätzung ging seine Verehrung am Ende der vedischen Zeit zurück. Dabei war er eng mit zwei wichtigen Glaubensvorstellungen verbunden: mit *rita*, der kosmischen und moralischen Ordnung, und *māyā*, der schöpferischen und verwandelnden Kraft der Gottheit.

Rita bezeichnet die immanente dynamische Ordnung oder das innere Gleichgewicht der kosmischen Erscheinungen ebenso wie das göttliche Gesetz, Wahrheit, Moral und Tugend. Die Sünde entsteht aus der Verletzung des *rita* im Bereich der Moral, des Ritus und des Opfers. *Rita* wird als konkrete materielle Wesenheit betrachtet und erst später durch das verwandte Prinzip des *dharma* ersetzt. Das ideale, tugendhafte Leben entspricht den Grundsätzen Varunas; es vollzieht sich in Harmonie mit Freunden, Nachbarn und Fremden.

Der Ausdruck *māyā* bedeutet zunächst das «Ausmessen» aller sichtbaren Gegenstände, die relativ und daher vergänglich sind. Er bezeichnet eine gewaltige Kraft, denn mit ihr «vermaß» – das bedeutet: schuf – Varuna das Firmament. Ebenso «vermaßen» auch alle anderen höheren Götter die Gegenstände und die Lebewesen. Ihrem Wesen nach ist *māyā* eine neutrale Kraft, und sie kann daher zu guten oder zu bösen Zwecken gebraucht werden. Im *Rigveda* erscheint sie als eine Art Wunderkraft; sie ist dort jedoch auch als zauberisches Blendwerk oder Trugbild dargestellt. Nach rund 1500 Jahren entwickelte sich diese Auffassung in der Vedānta-Lehre zu der Vorstellung von der illusorischen Natur des Kosmos, der als eine vergängliche Folge von Veränderungen betrachtet wird, ohne letzte Wirklichkeit, die allein als beständig angesehen werden kann. Dieser Vorstellung begegnet man ebenso im Mahāyāna-Buddhismus.

Varuna ist eng verbunden mit der freundlichen Sonnengottheit Mitra, die wiederum mit dem alten iranischen Gott Mithra identisch ist und deren Ursprung bis ins zweite Jahrtausend v. Chr. zurückverfolgt werden kann. Die Grundbedeutung des Namens war «Vertrag», später «Freund». Mitra überwacht und schützt die Verträge der Menschen; in Verbindung mit dem Gott Aryaman beschützt er die gesamte arische Gesellschaft. Er ist auch dem Gott Bhaga zugeordnet, der den menschlichen Wesen ihren Anteil von Glück zuweist. Der Name bedeutet «Zuteiler» oder «Geber» und war auch eine Bezeichnung für den Stammesführer, der nach alter arischer Sitte alljährlich den Gemeinschaftsertrag an die erwachsenen Stammesmitglieder verteilte. Diese und einige andere Götter werden Ādityas genannt, Abkömmlinge der Göttin Aditi, der «Ungebundenen», deren Natur sich in jeder körperlichen Erscheinung des Lebens manifestiert.

Eine andere wichtige vedische Gottheit, an die über 250 Hymnen gerichtet sind, ist Indra. Er war ursprünglich ein Wetter- und Sturmgott, das Urbild der schöpferischen Kräfte der Welt. Später wurde er zum mächtigen Kriegsgott der Arier und zum Heldenideal der Krieger, zum Beschützer der «arischen Hautfarbe» und zum Bezwinger ihrer Feinde. Agni, der Feuergott, ist für den Ritus allerdings viel wichtiger als Indra, denn das Feuer spielt im vedischen Opfersystem eine wesentliche Rolle.

Indras vertraute Gefährten sind die Maruts, Sturmgeister, die auf mythologischer Ebene die indo-iranischen Stammesgemeinschaften junger Krieger *(marya)* widerspiegeln. Belebt von der Kraft des heiligen Somasaftes besiegte Indra die Feinde der Arier, auch den Dämon Vritra, der die Wasser gefangenhielt. Dieser Schlangendämon verkörpert die Kräfte des Chaos oder des Ungeschiedenen, die beherrscht werden müssen, bevor die Welt entstehen kann. Daher heißt es von Indra, er habe nach seinem Sieg die Erde und den Himmel geschaffen und dann getrennt. Trotz Indras

Bedeutung in der vedischen Epoche ging sein Kult im klassischen Hinduismus immer mehr zurück.

Nach dem Zeugnis einiger Hymnen scheint es schon in der Frühzeit innerhalb der arischen Volksstämme auch Skeptiker gegeben zu haben. Einige bezweifelten die körperliche Gestalt der Götter, andere die Existenz von Gottheiten überhaupt. Im Schöpfungshymnus (*Rigveda* 5,129) wird dem schöpferischen Prinzip kein Name mehr gegeben. Es wird «das Eine» genannt, so daß schon die Vorstellung der universalen Einheit auftaucht, für die alles in der Natur nur Erscheinungsform des Einen ist und alle Vielheit nur in der Einbildung existiert.

Der auffällige vedische Feuerkult ist ein indo-iranischer Brauch, der bis in vorgeschichtliche Zeiten zurückgeht. Das Opferfeuer, die Sonne und der Blitz werden vergöttlicht und Agni (Feuer) genannt. Agni ist der Mittler zwischen Göttern und Menschen; er trägt die Opfergaben zu den Göttern, und er verbrennt die undurchdringlichen Wälder, um seinen Verehrern Siedlungsraum zu schaffen. In seiner fleischverschlingenden Gestalt *(kravyād)* verbrennt Agni die Leichen auf dem Bestattungsscheiterhaufen. In der Hitze der Askese *(tapas)* verbrennt er alle, die einen Ritus in böser Absicht durchführen. Er ist der Priester der Götter und der Gott der Priester; er verbindet Himmel und Erde. Er ist ein geehrter Gast in jedem Hause und ein Dämonenvertreiber, wohl weil man sich die Dämonen im Dunkeln am Werk vorstellte. Unter allen Göttern ist nur Agni unsterblich und ewig jung, denn er wird aus den Feuerhölzern *(aranis)* mit jedem Anzünden neu geboren. Weil er unsterblich ist, kann er seinen Gläubigen die Unsterblichkeit verleihen. Er ist zugleich *eine* Gottheit und *viele,* nämlich in Form aller einzelnen Feuer.

Eine andere kultisch bedeutsame Gottheit war Soma, die Vergöttlichung der Kletterpflanze gleichen Namens. Ihr Saft war das wichtigste Trankopfer bei allen vedischen Opfergottesdiensten und zugleich ein berauschendes Getränk für die Gläubigen. Die Priester entwickelten aus dem einfachen Vorgang des Pressens und des Filterns des Saftes aus der Somapflanze viele Riten. Er wurde «Trank der Unsterblichkeit» genannt und seine anregende Wirkung gerühmt. Er ließ ekstatische Visionen erleben, oder das Bewußtsein übermenschlicher Stärke und die Gemeinschaft mit den Göttern. Soma war Indras Lieblingstrank, der ihn seine Feinde besiegen ließ. Im späteren Hinduismus ging der Somakult an Bedeutung zurück, vor allem weil die Gewinnung des Saftes nicht mehr bekannt war und die Pflanze selbst in Vergessenheit geriet.

Unter den vielen im *Rigveda* genannten Gottheiten waren einige ebenfalls schon fast vergessen, als das Werk zusammengetragen wurde. Andere verloren später ihren hohen Rang, so Ushas, die Göttin der Morgenröte; der Windgott Vāyu; der Regengott Parjanya; die Sonnengötter Sūrya und Savitar; Pūshan, der alte Hirtengott der Wege und Führer der Toten; die Zwillinge Ashvins, die göttlichen Ärzte. Dagegen wurden kleinere vedische Götter wie Vishnu und Rudra/Shiva zu großen Göttern des klassischen Hinduismus.

Rudra war eine geheimnisvolle, vielgefürchtete Gottheit, die krankheits- und todbringende Pfeile auf Mensch und Tier lenken konnte, obwohl er andererseits die Schutzgottheit der Heilkräuter war. Daher wurde ihm der euphemistische Beiname *Shiva*, der Gnädige, gegeben. Daraus wurde später ein Eigenname des großen Gottes Shiva, der viele der ambivalenten, Rudra zugeordneten Merkmale beibehielt.

Manche vedischen Götter sind vergöttlichte Naturerscheinungen, andere sind personifizierte Abstraktionen, wie Shraddhā, der Glaube, oder Manyu, der Zorn. Viele niedere göttliche Wesen werden erwähnt, etwa die elfengleichen Ribhus, die nymphenartigen Apsarases, dazu Scharen von Geistern in Wald und Feld. Zahllose Dämonen und andere unheimliche Geister galten als die Feinde der Götter. Manchmal betrachteten die Arier auch die Eingeborenen als dämonenhaft. Wahrscheinlich wegen ihres magischen Brauchtums oder ihres Wissens um Heilkräuter und Giftpflanzen.

Die heiligste Strophe des *Rigveda*, die *Gāyatrī*, ist an den Sonnengott gerichtet. Sie erbittet den Glanz des Gottes Savitar, der die Gedanken des Gläubigen durchstrahlen soll. Diese Anrufung wird von den meisten Hindus bei allen Riten und religiösen Bräuchen täglich wiederholt.

Die zweite der vier Sammlungen vedischer Hymnen bildet der *Sāmaveda*, dessen Name von *sāman* – «Lied» oder «Melodie» – abgeleitet ist. Die Lieder sind meist dem achten und neunten Buch des *Rigveda* entnommen und in die Reihenfolge gebracht, in der sie von einer besonderen Gruppe von Priestern beim Somaopfer gesungen wurden. Eine der *Brāhmanas*, Erläuterungsschriften, die dem *Sāmaveda* angefügt sind, das *Sāmavidhāna*, enthält ein magisches Ritualbuch, das für bestimmte Zwecke Anweisungen zum Singen von Zaubersprüchen gibt.

Die dritte Sammlung, der *Yajurveda*, besteht zumeist aus Gebeten und Opfertexten, die an verschiedene «vergöttlichte» Gerätschaften gerichtet sind, die bei den vedischen Opfern gebraucht werden. Vor allem handelt es sich um eine Sammlung von Anweisungen für den Adhvaryu-Priester, der das Opferritual selbst durchführte. Der *Yajurveda* enthält auch Ritualelemente, die dem *Rigveda* entlehnt und durch Erläuterungen der vielen neuen Bräuche und neuentwickelten vielfältigen Riten ergänzt sind. Der *Yajurveda* hat zwei Fassungen: der ältere, schwerer zu verstehende *Schwarze* und der einheitlichere und leichter zugängliche *Weiße Yajurveda*.

Ein wichtiger Brauch war der *rājasūya*, ursprünglich die Einsetzung eines Königs, später alljährlich durchgeführt, um die königliche Energie, von der das Wohlergehen des Landes abhing, immer wieder zu erneuern und zu beleben. Dieser alte, vielen Kulturen gemeinsame Glaube beruht auf der Vorstellung, daß durch das Opfer der Opfernde selbst rituell wiedergeboren wird. Während des *rājasūya* nahm der König an einem rituellen Würfelspiel mit fünf Würfeln teil, welche die fünf Jahreszeiten darstellten. Dabei gewann der König immer und brachte so den fünf Regionen symbolisch Wohlstand. In einem anderen Teil der Zeremonie lenkte er ein Viergespann in die Mitte einer Kuhherde, berührte ein Tier mit seinem Bogen und nahm so die Kraft der ganzen Herde in sich auf.

Der *Yajurveda* enthält auch Gebete und Formeln für die Errichtung des Feueraltars, ein umfangreiches, sich über ein Jahr erstreckendes Ritual. Der Altar selbst wurde mit dem Feuergott Agni gleichgesetzt und bestand aus 10 800 Ziegelsteinen in der Gestalt eines riesenhaften Vogels mit ausgebreiteten Flügeln. Mit den Ziegeln, den Opfergeräten und allem, was mit dem Altar zu tun hatte, war eine reiche Symbolik verbunden.

Die vielen Namen und preisenden Bezeichnungen, die jeder Gottheit im *Yajurveda* beigegeben wurden, sollten die Götter dem Menschen gewogen machen; sie erreichten die größte Zahl in den über tausend Namen für Shiva und Vishnu. Zu ihnen gehörten auch die einzelnen heiligen Keimsilben *(bījas)*, die bei besonderen Abschnitten des Opferrituals ausgesprochen wurden. Viele *bījas* wurden von späteren indischen Kultgemeinschaften übernommen und waren auch als *mantras* – magische Formeln – bekannt, wogegen die ursprüngliche Bedeutung sich nur auf die heiligen Verse und Opferformeln der vier Veden bezog. Eines der frühesten *bījas* war *svāhā*, gewöhnlich mit «Heil!» übersetzt, das beim Opfer für die Ahnen ausgesprochen wurde. Das heiligste *bīja* ist Om. Es hat eine so große mystische Bedeutung, daß die *Upanishads* es mit dem unpersönlichen *brahman* gleichsetzen (*Katha-Upanishad* 2,16). Om wird nie im gewöhnlichen Gespräch gebraucht, ist frei von weltlicher Bedeutung und verkörpert in verdichteter Gestalt die ganze hinduistische Lehre.

Die letzte der vier Sammlungen vedischer Hymnen ist der *Atharvaveda*, von dem zwei sehr unterschiedliche Fassungen existieren. Er ist ganz verschieden von den drei anderen Veden und wurde erst spät in den Veda aufgenommen, weil er wenig Beziehung zum Opferritual hat. Er enthält viele Vorstellungen des Volksglaubens, wie Zauberformeln zur Vernichtung der Feinde, zum Schutz des Viehs und der Ernte, zum Betören einer Frau und zum Bewahren des Priesterbesitzes. Andere Beschwörungsformeln wurden in Verbindung mit Heilkräutern benützt und geben so einen Einblick in die frühe indische Heilkunde *(āyurveda)*, die im 1. Jahrhundert n. Chr. von Charaka weiterentwickelt wurde. Daneben umfaßt er einige Hymnen von großer poetischer Schönheit. Gewisse Teile scheinen älter als der *Rigveda* und vermitteln so eine Vorstellung von Kontinuität, Veränderung und Entwicklung der indischen Weltdeutung. Es gibt auch Anzeichen dafür, daß schon in der vedischen Periode nichtarische Elemente absorbiert wurden.

Der Name *Atharvaveda* bedeutet Veda der Atharvans, der Besitzer von Zauberformeln. Die Atharvans waren eine Klasse von Zauberpriestern, entsprechend den persischen Avesta, und man muß sie sich wie die Schamanen in Nordasien und bei den Indianern Amerikas als Priester mit magischen Kräften, als Priester und Zauberer in einer Person vorstellen.

Der *Atharvaveda* war für die Kriegerkaste bestimmt, und er enthält daher Mantras für den Schutz und die Weihe von Königen, für den Sieg über Feinde und allerlei Schlachtenzauber. Zwei Hymnen sind der Kriegstrommel gewidmet, die mit ihrem Klang die Krieger ruft, die Feinde erschreckt und Sieg verleiht. In viel späterer Zeit wurde die Kriegstrommel in Südindien ein vergöttlichter Kultgegenstand.

Der *Atharvaveda* ist besonders wertvoll, weil er religiöse Ideen überliefert, die in anderen vedischen Texten nicht begegnen, und eher den weltlichen und geistigen Aspekt der alten indischen Kultur darstellt, als sie nur leicht «brahmanisiert» war. Viele der Zaubersprüche, Lieder und Beschwörungen können bis in die indoeuropäische Periode zurückverfolgt werden.

Die *Brāhmanas*, die aus der Zeit nach etwa 1000 v. Chr. stammen, sind Ritualtexte, die an die Veden anschließen. Sie behandeln vor allem die genauen Einzelheiten des Opferrituals, befassen sich also mehr mit dem äußerlichen als mit dem geistigen Aspekt der Religion.

Mit der Entwicklung des Opferkults wuchs die Macht der Priester, und ihre Vorrechte nahmen zu. Zu ihnen gehörte das Privileg, sich die Frauen anderer Männer zu nehmen, oder das Recht auf jede unfruchtbare Kuh. Bei Streitfällen zwischen einem Brahmanen und einem Nicht-Brahmanen fiel das Urteil, ohne Rücksicht auf die Beweismittel, immer zugunsten des Brahmanen aus. In der gleichen Periode sank das Ansehen der Frauen unter den Stand zur Zeit des *Rigveda* und der *Upanishads*; sie wurden gefürchtet, galten als böse und gefährlich. So identifizierten die Verfasser der *Brāhmanas* die Frauen mit Nirriti, einer Göttin, die Unheil und Vernichtung verkörpert.

Der interessanteste Teil der *Brāhmanas* ist das *Shatapatha-Brāhmana*, das an den *Weißen Yajurveda* angefügt ist. Es umfaßt Texte zum Opferritual, aber auch zu Bildung, Sitte und Brauchtum. Die Verfasser der *Brāhmanas* erhoben das Opfer zum Selbstzweck; sie personifizierten es und setzten es gleich mit dem Weltschöpfer Prajāpati. Alles, was mit dem Opfer zu tun hatte, war für sie mit starker magischer Kraft ausgestattet. Ganz nach der Intention der Opfernden kann es zu gutem oder bösem Zweck durchgeführt werden. So können die Priester Unheil über die Feinde bringen oder einem wenig freigebigen Opfernden dadurch Schaden zuwenden, daß sie die Riten in umgekehrter Reihenfolge vollziehen. Später wurden immer weniger große, teuere und verschwenderische Opfer durchgeführt. Zugleich verbreitete sich die Vorstellung, man könne die Kräfte des gelungenen Opfers auch auf anderem Wege erreichen, etwa durch extreme Askese *(tapas)*: Sie sollte so große Kräfte verleihen, daß sogar die Götter die großen Asketen fürchten müßten.

Die *Brāhmanas* und der *Rigveda* berichten mehrere widersprüchliche Schöpfungsmythen. Manchmal erscheint Prājapati allein als Schöpfer, dann wieder wird von ihm behauptet, er selbst sei geschaffen worden. Nach dem *Shatapatha-Brāhmana* begab sich die Schöpfung bei der Fortpflanzung der Urwasser. Durch strengste Askese erhitzten sie sich, dann bildete sich ein goldenes Ei und trieb etwa ein Jahr auf den Wassern. Schließlich erschien der sekundäre Schöpfer Prajāpati, dessen Lebenszeit nur tausend Jahre währen sollte. Er zerbrach das goldene Ei und erschuf daraus die Welten, die Jahreszeiten, die Lufthülle, den Himmel und alles andere. Da er wußte, daß seine Lebenszeit begrenzt war, wollte er Nachkommen haben und erfüllte sich mit Zeugungs- und Gebärkraft. Aus seinem Munde kamen die Götter hervor; mit dem Atem des niederen Lebens erschuf er die Dämonen, und an der herabsinkenden Dunkelheit erkannte er, daß er das Böse geschaffen hatte. Dann ließ er das Böse über die Dämonen siegen. Ein anderer Mythos berichtet, die Schöpfung sei aus dem Nicht-Sein *(a-sat)* entstanden; und ein weiterer erzählt, sie sei aus dem unpersönlichen *brahman* hervorgegangen.

Der komplizierte Ritualismus der *Brāhmanas* und die bedrückende Selbstgerechtigkeit der Priester, aber auch der Aufstieg der heterodoxen Religionen des Jainismus und des Buddhismus, die beide den Veda und die Autorität der Priester ablehnten, führten schließlich zu einem Umschwung. Der Jainismus betonte den Wert der Askese und lehrte die Verehrung aller Dinge, auch des menschlichen und tierischen Lebens, des immanenten Lebens in den Pflanzen, in Feuer, Erde, Wasser und Wind. Der Buddhismus vertrat eine weniger strenge Selbstdisziplin, lehrte aber die Notwendigkeit des Mitleids mit allen Geschöpfen und betonte die Nutzlosigkeit und Grausamkeit des Opfersystems. Die *Āranyakas*, die an die *Brāhmanas* anschließenden «Waldtexte», lehnen den körperlichen Vollzug des Opfers ebenfalls ab und deuten es statt dessen symbolisch. Diese Texte behandeln auch esoterische und mystische Materien, die für Nichteingeweihte von jeher unzugänglich waren und in Wäldern und an abgeschiedenen Orten als Geheimwissen weitergegeben wurden.

Obwohl die dreizehn wichtigsten *Upanishads*, die wahrscheinlich zwischen 800 und 400 v. Chr. entstanden sind, äußerlich mit den *Brāhmanas* verbunden sind, sind sie nicht aus dem Umkreis der Priesterkaste hervorgegangen; sie sind Werke von Angehörigen der Kriegerkaste, die in Friedenszeiten religionsphilosophischen Fragen nachgingen. Auch die Brahmanen beschäftigten sich schon mit philosophischen Spekulationen, aber erst die *Āranyakas* und die *Upanishads*, der Abschluß der vedischen Literatur, bezeichnen den eigentlichen Beginn des reinen spekulativen Denkens in Indien. Einige spätere Werke werden zwar ebenfalls *Upanishads* genannt, sie sind aber nicht als kanonisch anerkannt.

Sechs *Upanishads* enthalten die Vedānta-Lehre (s. Kap. 7) in ihrer ursprünglichen Gestalt: *Aitareya, Brihadāranyaka, Chāndogya, Taittirīya, Kaushītaki* und *Kena*. Sechs weitere – *Katha, Shvetāshvatara, Mahā-Nārāyana, Īshā, Mundaka* und *Prashna* – enthalten neben Sāmkhya, Yoga-Lehren und monotheistischen Anschauungen auch Vedānta-Lehren. Alle diese Texte weisen jedoch Merkmale von Veränderungen und Einschüben auf. Insgesamt bilden die *Upanishads* die Grundlage aller philosophischen Systeme und der meisten religiösen Überlieferungen der Hindus. Mehrere Vorstellungen der *Upanishads* drangen allmählich auch zu den niederen Schichten vor und milderten manches grausame Stammesbrauchtum.

Die philosophischen Anschauungen, die in den *Upanishads* dargestellt werden, entstammen also nicht *einer* Schule. Sie sind daher nicht ohne Widersprüche, denn sie spiegeln Vorstellungen und Spekulationen vieler Menschen von verschiedenster Herkunft und aus unterschiedlichsten Zeiten. Sie gewähren indessen einen vorzüglichen Einblick in das Leben und die Kultur der alten indischen Königreiche, in denen Priester, Lehrer, weise Frauen und andere an öffentlichen Diskussionen vor gelehrten Königen teilnahmen.

Die Hauptlehre der echten *Upanishads* kann so zusammengefaßt werden: «Das Weltall ist das *brahman*, und das *brahman* ist das *ātman.*» Das bedeutet etwa: «Die Welt ist Gott, und Gott ist meine Seele.» Die Vorstellung des *ātman* kann nicht von dem Prinzip des *brahman* getrennt werden. Die Gleichsetzung von beidem ist eine Synthese vom Prinzip des *brahman* als der alles durchdringenden, alles erhaltenden Kraft der Welt und der Lehre des Yoga und der Meditation, welche die Erfahrung der letzten Wirklichkeit im Individuum zu erreichen versucht. Dabei bezieht sich *brahman/ātman* nicht nur auf den Menschen, sondern ist in allen Lebewesen und in allen Dingen gegenwärtig.

Die genaue Etymologie des Wortes *brahman* ist unbekannt. Im vedischen Schrifttum begegnet es oft in der Bedeutung von «Gebet», «heiliges Wissen» oder «Zauberspruch», meint also all das, womit der Mensch göttliche Wesen zu beeinflussen sucht. Als diese Formeln in den drei Veden zusammengestellt wurden, waren sie als das «Dreifache Wissen» bekannt, das für kurze Zeit auch *brahman* genannt und so mit dem heiligen Wissen gleichgesetzt wurde. Im Rahmen der *Upanishads* wurde es zur heiligen, das ganze Weltall durchdringenden Kraft, dann zum schöpferischen Prinzip selbst, der einen Quelle alles Seins. Damit ist es gleichbedeutend mit dem Absoluten oder Gott. In einigen *Upanishads* wird *brahman* als persönlicher Gott oder

Īshvara angesehen, eine Vorstellung, die von Theisten wie Rāmānuja, Madhva und anderen für ihre Lehre individueller Frömmigkeit übernommen wurde.

Auch die Etymologie von *ātman* ist unsicher, doch ist die Bedeutung des Wortes in den Texten eindeutig. Es bezeichnet die Seele, das ewige innere Selbst, das allen psycho-physischen Vorgängen zugrunde liegt. Dieses Selbst unterscheidet sich von dem individuellen Geist, denn nach indischer Vorstellung ist der Geist eine feinstoffliche Art von Materie, die durch das Selbst, das reine Bewußtsein, erleuchtet wird. Das innere Selbst ist kleiner als ein Reiskorn – zugleich aber ist es größer als Erde, Himmel und alle Welten, die umfangen sind von dem unhörbaren, unsichtbaren, unpersönlichen *brahman*, in dem sich der individuelle Geist schließlich auflöst (*Chāndogya-Upanishad* 3,14,2 ff.). An anderer Stelle wird gelehrt, das *brahman* lasse die Welt entstehen, so wie eine Spinne ihr Netz ausscheidet und dann wieder in sich zurückzieht (*Mundaka-Upanishad* 1,1,7).

Seinem Wesen nach ist *brahman/ātman* eigenschaftslos; nur in seinen unzähligen vergänglichen Manifestationen scheint es Attribute zu besitzen. Seine Natur ist Sein oder Wirklichkeit *(sat)*; in ihm verschwinden alle Gegensätze und mit ihnen alle Dualität, denn es ist das Absolute, die all-eine transzendente Wesenheit aller Formen des Daseins. Diese Vorstellung gewann solche Geltung, daß der Hinduismus oft Brahmanismus genannt wurde und – nach dem Sanskritwort *brāhmana*, «die zum *brahman* gehören» – Angehörige der höchsten Kaste als Brahmanen bezeichnet wurden.

In den ältesten *Brāhmanas* bezeichnet *brahman* allgemein das Heilige, wie es sich im Gebet, im Priestertum und im Opfer manifestiert – eine Vorstellung, aus der die Idee der *Upanishads* von dem einen göttlichen Prinzip hervorging, das die ganze Natur durchwirkt. Die wesenhafte Einheit von *brahman/ātman*, die Verbindung des kosmischen und des psychischen Prinzips, ist in dem bekannten Kernsatz der *Upanishads* ausgedrückt: *tat tvam asi*, «Das bist du».

So bleibt *brahman* der eine beständige Faktor innerhalb und jenseits der sich ständig wandelnden Lebenskraft, die sich in Zeugung, Wachstum, Verfall und Zerstörung ausdrückt. Jedes vergängliche individuelle Dasein *(jīva)* ist eine – wenn auch nur winzige – Erscheinungsform eines winzigen Teils von *brahman/ātman* und ist nur daher von Wert. Die Weisen erkennen *brahman* in jedem einzelnen Lebewesen. Dieses Wissen sichert ihnen Unsterblichkeit (*Kena-Upanishad* 2,13), und führt sie zum Mitleid mit allen Geschöpfen. Ein häufig gebrauchtes Bild für *brahman* ist der Ozean, der eine unerschöpfliche innere Kraft in sich birgt. Wie das *brahman* bleibt der größere Teil des Ozeans unsichtbar oder unbekannt; die aufundabsteigenden Wellen stellen das flüchtige Leben von Myriaden lebender Kreaturen dar, die für kurze Zeit ins Dasein treten und dann wieder in die Unendlichkeit *(brahman)* aufgenommen werden.

Nach der *Mundaka-Upanishad* gibt es zwei Arten von Wissen. Das erste, höhere ist das Wissen, daß *brahman* die unvergängliche Quelle aller Dinge ist; zum zweiten, niederen gehören die vier Veden sowie die Opfertechnik, Lautlehre, Verslehre, Grammatik, Etymologie und Astronomie, zusammengefaßt *Vedāngas* genannt, «Glieder des Veda» – Hilfswissenschaften, die gelegentlich auch als Teil des Veda betrachtet werden.

Vom kosmischen Standpunkt ist die materielle Welt vergänglich und daher letztlich unwirklich *(māyā)*. So lehrt die *Shvetāshvatara-Upanishad*, die Natur *(prakriti)* sei Illusion; der Höchste sei ihr Urheber, denn die ganze

Welt sei mit Lebewesen erfüllt, die Teile von ihm seien (4,10). In der *Kena-Upanishad* wird *brahman* als *yaksam* bezeichnet (3,15), ein unheimliches Etwas, das jeden Augenblick seine Form verändert, von der menschlichen Gestalt bis zum Grashalm. Die Vorstellung des *māyā* wurde später für das System des Vedānta sehr wichtig.

Eine der Grundvorstellungen der *Upanishads* ist das Prinzip des Lebensatems, *prāna*, das häufig mit *ātman* gleichgesetzt wird. Prāna steuert nicht nur die Atmung, sondern auch alle anderen körperlichen Vorgänge. Eine Anschauung, die vom Jainismus und dem Buddhismus geteilt wird, ist die der Geister- oder Seelenwanderung und die damit verbundene Lehre vom *karma*. Die Vorstellung einer vorherbestimmten Wiedergeburt prägte seit den *Upanishads* das gesamte indische Denken und bildete die Grundlage neuer Systeme. Selbst die Götter gelten als dem Karma unterworfen und können daher vom Menschen nicht wesenhaft verschieden sein. Die Karma-Vorstellung schließt zugleich die Ewigkeit des kosmischen Prozesses mit ein. Jedes Dasein ist bedingt durch eine Vielzahl vorhergegangener geistiger oder körperlicher Akte, die entweder in der gegenwärtigen oder in zahllosen früheren Existenzen vollzogen wurden, so daß es für die Entwicklung der Welt keinen endgültigen Abschluß und keinen Ur-Anfang gibt. Jedes Ding und jedes Lebewesen in der Welt hängt von einem anderen ab, jedes hat seinen Platz im System des Daseienden.

Das Karma eines Menschen wird als Energie angesehen, als feinstoffliche Substanz, die ihm zugehört und doch von ihm abgelöst werden kann, wie Ruhm, Größe, Schönheit und Wirkung der Askese. Dieser alte Glaube erwächst aus der Vorstellung, daß nichts ohne reales Dasein gedacht werden kann. Wie das Verhalten eines Individuums von seinen gegenwärtigen und früheren Taten beeinflußt wird, so bedingt das kollektive Karma aller Lebewesen zu einem bestimmten Zeitpunkt die Beschaffenheit der Welt, und es wird weiter den Zustand jeder künftigen Welt bestimmen. Einige theistische Kultgemeinschaften haben die Vorstellung des Karma zu dem Gott Karma oder Īshvara erhoben, der das kollektive Karma aller Geschöpfe verkörpern soll.

Die Lehre vom Karma sollte nicht mit Vorstellungen von einem vergeltenden Gott verwechselt werden; denn die vergeltenden Wirkungen des Karma werden nicht von einer Gottheit bestimmt, sondern sind immanent in kosmischen Erscheinungen, in allen Vorgängen wie auch in jeder Tat. Sie sollte auch nicht einfach als fatalistisch gedeutet werden: Wenn auch die Taten der Vergangenheit den gegenwärtigen Zustand eines Menschen bedingen, so bestimmen doch die Taten der Gegenwart wiederum seinen künftigen Zustand.

Die Vorstellung vom Karma ist im *Rigveda* noch nicht ausgedrückt; es heißt darin aber, das Verhalten des Menschen in dieser Welt bestimme sein Leben nach dem Tode. Die *Brāhmanas* betonen die Bedeutung jeder heiligen Opferhandlung, die eine Wirkung auf das menschliche Geschick in der künftigen Welt haben sollte. Daher behaupten sie, das Opfer werde in einer anderen Welt zum Selbst des Opfernden (*Shatapatha-Brāhmana* 11,1,8,6). Die Forderung, heilige Handlungen zu vollziehen, um in einem späteren Leben einen höheren Status zu erreichen, wurde später ausgeweitet; sie schloß auch Almosengeben und Askese ein.

In einer der ältesten *Upanishads* wird *karma* erwähnt und festgestellt, wie der Mensch lebe, so werde er später sein. Wer Gutes getan habe, werde als Lebewesen mit guten Neigungen, und wer Böses getan habe, werde als Lebewesen mit bösen Neigungen wiedergeboren. Der Mensch sei ganz aus Begierde gebildet; nach seinem Begehren fasse er seine Vorsätze, nach seinen Vorsätzen vollbringe er seine Taten, und nach der Ausführung seiner Taten gestalte sich sein Geschick (*Brihadāranyaka-Upanishad* 4,4,28 f.).

Die geistige Wesenheit, die in der Folge der Wiedergeburten von einem Körper in den anderen übergeht, kann nicht als Einmaliges, als etwas Persönliches betrachtet werden, sondern ist ein unzerstörbares Etwas, das unzählige verschiedene Gestalten annehmen kann. Die Folge individueller Leben läßt sich mit einem langen Drama vergleichen, in dem die Schauspieler nacheinander unterschiedliche Rollen übernehmen, entsprechend ihrem Karma, das sich zu verschiedenen Malen verwirklicht. Aber alle diese Rollen haben keinerlei Einfluß auf die ewige geistige Wesenheit des Individuums.

Obwohl das Motiv der Weltflucht erst in der späteren Hindutradition in den Vordergrund trat, zeichnete es sich schon in einigen *Upanishads* ab. Die ältesten beschreiben *brahman/ātman* als den Quell der Freude. Je mehr aber der vergängliche Charakter der Welt und ihrer Bewohner hervorgehoben wurde, desto mehr sehnte sich der Gläubige nach der beständigen Seligkeit einer Verschmelzung mit *brahman* und nach der Befreiung von den Zerstreuungen und Leiden der Welt. Dieser Zustand wird jedoch nur von den wenigen erreicht, welche die Unwirklichkeit der Welt ganz begreifen und daher kein Verlangen mehr nach ihr haben.

Die nach-buddhistische *Maitrāyana-Upanishad* bezeugt eine tiefe Weltverachtung, doch ohne zu einem lähmenden Nihilismus oder Pessimismus zu führen. Vielmehr ermuntert sie den Gläubigen, keine Anstrengungen zu scheuen, um auf verschiedenen Wegen die Welt zu überwinden und zur intuitiven Schau der Einheit *(brahman)* zu gelangen, aus der die scheinbare Vielheit der Welt entspringt; *brahman*, aus dem alles Leben hervorgeht, sei Freude und zu seiner Freude kehrten schließlich alle zurück (*Taittirīya-Upanishad* 2,9).

Viele der späteren religiösen oder philosophischen Systeme gründen auf Vorstellungen der *Upanishads*, in manchem auch die jüngeren heterodoxen Religionen Buddhismus und Jainismus. Das schöpferische Denken begann erst zu verfallen, nachdem die Texte der *Upanishads* schließlich als göttliche Offenbarung betrachtet wurden.

Die *Sūtras* sind Lehrbücher des Opferrituals, des Brauchtums, des Rechts, der Philosophie und anderer Wissenschaften. Die *Shrauta-Sūtras* behandeln das vedische Ritual, die *Grihya-Sūtras* die Pflichten des Familienvaters und die *Dharma-Sūtras* das überlieferte Recht. Die *Shāstras* sind Ergänzungen der *Shrauta-Sūtras* und behandeln die vier großen Lebensziele des orthodoxen Hindu: sinnliches Vergnügen *(kāma)*, wirtschaftlicher Gewinn *(artha)*, Tugend *(dharma)* und Befreiung *(moksha)*.

Die *Grihya-Sūtras* beschreiben zahlreiche Zauberriten, ferner traditionelle Bräuche, religiöse Vorstellungen und Praktiken, von denen viele auch bei anderen indo-europäischen Völkern bekannt sind. Die fünf sogenannten großen Opfer, die ein Familienvater durchführen muß, sind: die täglichen Opfer für Götter, Dämonen und Ahnen; die Gastlichkeit stets und für jeden; das tägliche Studium des Veda.

An die *Shrauta-Sūtras* schließen die *Shulva-Sūtras* an, die ältesten indischen Bücher über Geometrie mit Anweisungen zur Messung und Errichtung der vedischen

Feueraltäre und der Anlage des heiligen Opferplatzes. Dazu kommen noch zahlreiche andere Texte aus dem Bereich der hinduistischen Opfer- und Ritenliteratur.

2. Die Epen

Die zwei großen Epen der Hindus, das *Rāmāyana* und das *Mahābhārata*, haben das religiöse Leben Indiens stark beeinflußt. Überall auf dem Subkontinent werden sie von berufsmäßigen Geschichtenerzählern vorgetragen, so daß auch Analphabeten mit ihnen vertraut sein können. Beide Epen waren ursprünglich mündlich überlieferte Kriegsballaden, die von den Abenteuern der Helden der Vorzeit erzählten und königliche Opferriten beschrieben. Später wurden von den Priestern lange Textabschnitte zur Götterlehre, über Riten und Moral, zur Ethik und Staatskunst eingeschoben und beide Werke theistisch umstilisiert.

Das Rāmāyana

Das *Rāmāyana* ist viel kürzer als das *Mahābhārata*. Als sein Verfasser gilt der Seher Vālmīki. Nach der Überlieferung entstand das Werk um 500 v. Chr. und erhielt seine gegenwärtige Gestalt, allerdings in mehreren Fassungen, erst zwei oder drei Jahrhunderte später. Die jüngsten Teile sind das erste und das letzte Buch. Auf späte Entstehung deutet, daß zu Anfang Rāma als eine Inkarnation Vishnus dargestellt wird; doch stehen daneben viele sehr alte Geschichten, darunter vermutlich auch einige aus den Königreichen Magadha und Koshala in Nordindien.

Die sieben Bücher des *Rāmāyana* beschreiben die Abenteuer und Schicksale Rāmas, ursprünglich wohl die Lebensgeschichte eines berühmten Stammesführers, des ältesten Sohnes von König Dasharatha. Rāma verkörpert die Tugenden der Kriegerkaste: Tapferkeit, Mut und Gerechtigkeit. Seine Gemahlin ist Sītā, eine Tochter von König Janaka. Nach Jahren glücklicher Ehe wurde Sītā von Rāvana, dem Dämonenkönig von Lankā (Ceylon), gefangengenommen. Unterstützt von dem Affenkönig Sugrīva und dem Affenhäuptling Hanumat forschten Rāma und sein Halbbruder Lakshmana überall nach ihr. Schließlich spürte Hanumat sie in Lankā auf und kehrte nach Indien zurück, um sein Heer gegen Rāvana zu sammeln. Nach einer gewaltigen Schlacht siegte Rāma und setzte einen neuen König ein. Aber er verstieß Sītā, denn sie hatte, wenn auch gegen ihren Willen, im Hause eines anderen Mannes gelebt. Sie warf sich auf einen Scheiterhaufen; aber das Feuer verzehrte sie nicht, denn der Feuergott Agni wußte, daß sie unschuldig war. So waren Rāma und Sītā wieder vereint; sie kehrten zurück nach Ayodhyā, der Hauptstadt des alten Königreiches Koshala, und Rāma wurde zum König gekrönt. Das Volk von Koshala war jedoch von Sītās Unschuld noch nicht überzeugt, und auch Rāma zweifelte anscheinend weiter. Deshalb befahl er Lakshmana, sie wegzubringen und an einsamem Ort allein zurückzulassen. Das tat Lakshmana. Sītā aber gelangte bis zur Einsiedelei Vālmīkis und gebar dort Zwillinge. Als sie herangewachsen waren, erkannte Rāma sie als seine Söhne an. Da rief Sītā die Erde an, sie möge sie verschlingen und so ihre Unschuld beweisen. Die Erde öffnete sich und nahm sie in sich auf. Bald darauf dankte Rāma zugunsten seiner beiden Söhne ab und wurde in die himmlischen Reiche Vishnus aufgenommen.

Das Mahābhārata

Das *Mahābhārata* ist wesentlich umfangreicher als das *Rāmāyana* und besteht aus über 90 000 Doppelversen von durchschnittlich je 32 Silben. Das «große Bharata» umfaßt auch den *Harivamsha*, die «Genealogie von Hari (Vishnu)», und die *Bhagavadgītā*, den «Gesang des Erhabenen». Nach der Überlieferung wird es Krishna Dvaipayana zugeschrieben, der auch als der heilige Vyāsa, der «Ordner des Veda», bekannt ist. Aber es stammt offensichtlich von mehreren Verfassern und weist viele Anzeichen der Bearbeitung, der Erweiterung und der Veränderung auf. Es wurde während vieler Jahrhunderte zusammengetragen und um das 3. oder 2. Jahrhundert v. Chr. nahezu abgeschlossen, wenn auch die *Bhagavadgītā* und andere Einschübe etwas später entstanden sind. Einige Erzählungen enthalten vedische Elemente, die auf hohes Alter hindeuten. Die große Schlacht, die das *Mahābhārata* beschreibt, kann in einer Schlacht des 10. Jahrhunderts v. Chr. in Nordindien eine historische Grundlage haben.

Das *Mahābhārata* bietet volkstümliche Unterhaltung und religiöse Unterweisung für den ganzen Subkontinent. In achtzehn Büchern oder Abschnitten erzählt es viele Legenden, beschreibt zahlreiche Sitten und Bräuche. Läßt man alle Einschübe beiseite, so ist sein Hauptgegenstand der Völkerkampf zwischen den Kauravas und ihren Verwandten, den Pāndavas, im Gebiet von Kurukshetra, etwa in der Umgebung des heutigen

Delhi. Die Beschreibung dieses Krieges ist stark ausgeweitet, um möglichst ganz Indien einzubeziehen.

Als König Pāndu abdankte, um fortan das Leben eines Einsiedlers zu führen, übernahmen seine Söhne die Regierung. Aber nach Pāndus Tod erhoben sich die Söhne des blinden Dhritarāshtra, angeführt von dem ältesten, Duryodhana, gegen Pāndus fünf Söhne, Yudhishthira, Bhīma, Arjuna, Nakula und Sahadeva. Sie setzten ihnen derart zu, daß sie das Land verließen, von einem Königshof zum anderen zogen und als Söldner dienten. Als sie schließlich am Hof von Pañcala angelangt waren, begegneten sie Krishna, dem Führer der Yādavas, der ihnen ein treuer Freund und Helfer wurde. Einige Jahre später beschloß Dhritarāshtra abzudanken, und gegen den Willen seiner Söhne teilte er zuvor sein Königreich zwischen den Pāndavas und den eigenen Kindern, den Kauravas auf. Duryodhana forderte darauf Yudhishthira zu einem Glücksspiel heraus, und Yudhishthira verlor sein halbes Königreich. Da verließen die Pāndavas und ihre gemeinsame Gemahlin Draupadī für dreizehn Jahre die Heimat, denn danach sollten sie ihren Teil des Königreiches zurückbekommen. Aber nach dieser Zeit erfüllten die Kauravas ihr Versprechen nicht, und die Pāndavas rüsteten zum Kriege; beide Parteien aber hatten viele Verbündete. Nach achtzehn Tagen harten Kampfes waren alle Anführer gefallen, bis auf die Pāndava-Prinzen und Krishna. Nun wurde Yudhishthira zum König gekrönt, und er und seine Brüder regierten viele Jahre lang weise und gerecht. Am Ende dankte Yudhishthira ab zugunsten von Parikshit, dem Enkel Arjunas. Die fünf Brüder und Draupadī aber zogen zum Himalaya, stiegen auf den Berg Meru und traten ein in das Reich der Götter.

Das *Harivamsha* bildet einen Anhang zum *Mahābhā-*

rata und besteht aus drei Teilen. Sie bringen einen Schöpfungsbericht, eine Genealogie der Yādavas, die Abenteuer Krishnas und seine Liebesaffären mit den Hirtenfrauen sowie Mythen und Prophezeiungen. Zusammen mit dem *Mahābhārata* ist das *Harivamsha* von mehreren Bearbeitern wiederholt und oft äußerst ungeschickt verändert worden. Obwohl angeblich ein Teil des *Mahābhārata*, ist es viel später entstanden und ähnelt stilistisch den volkstümlichen Werken, die *Purānas* genannt werden.

Die *Bhagavadgītā* (oder einfach *Gītā*) bildet ebenfalls einen Teil des *Mahābhārata*, obwohl sie viel jünger ist als das Epos. Sie ist auch jünger als die sechs orthodoxen philosophischen Systeme, denn sie ist nachweislich von allen beeinflußt, besonders von Sāmkhya, Yoga und Vedānta. Die *Gītā* gibt die Anschauungen von Krishna Devakiputra wieder, der lehrte, ein rechtschaffenes Verhalten habe mehr Wirkung als Gaben für einen Opferpriester. Damit sollte der alte Glaube an das Opfer als das einzige Mittel zur Befreiung keine Gültigkeit mehr haben und nur das Tun aus uneigennützigen Motiven, Ergebenheit gegenüber Īshvara und Vertrauen in seine Gnade zur Befreiung führen.

Die *Bhagavadgītā* verteidigt ausdrücklich die traditionellen indischen Tugenden des Mutes und des Kriegergeistes sowie das Kastensystem. Krishna als das höchste Wesen trägt Arjuna seine religiösen und philosophischen Anschauungen vor, da der Gott in seiner menschlichen Erscheinung den Pāndavas und Kauravas am ehesten verwandt ist.

Das Lehrgedicht kann auf verschiedene Weise interpretiert werden, weil es viele miteinander unvereinbare religiöse Anschauungen und Überzeugungen zum Ausdruck bringt. Durchgehend betont es jedoch die Vorstellung eines persönlichen Gottes, Īshvara, der auch die höchste Seele *(paramātman)* genannt wird, unterschieden von der individuellen Seele *(ātman* oder *jīva)*.

Vor der großen Schlacht, die im *Mahābhārata* beschrieben wird, verlor der Pāndava-Prinz Arjuna den Mut, denn er bedachte, daß er in dem bevorstehenden Kampf seine Vettern töten müsse. Da bot sich ihm Krishna als Wagenlenker und Ratgeber an. Er belehrte Arjuna, seine Pflicht als Angehöriger der Kriegerkaste habe Vorrang vor allem anderen und müsse ohne Bedenken erfüllt werden. Die ewige Seele Arjunas und der Kauravas könne nicht getötet werden und bleibe daher von allem irdischen Geschehen unberührt. Er gab sich schließlich Arjuna zu erkennen, und dieser erkannte das ganze Universum als umfangen von Krishna, dem Herrn über die Zeit und dem Zerstörer der Welten. Er verehrte Krishna, der ihn gelehrt hatte, die Schau des Göttlichen werde nicht durch Opfer, Askese oder Almosengaben erlangt, sondern nur durch uneingeschränkte liebende Hingabe.

In diesem Werk hat das Göttliche eine doppelte Natur: eine niedere, welche die vergängliche Welt lenkt, und eine höhere, die Lebenskraft der ganzen Schöpfung, die für immer transzendent bleibt, daher auch unberührt von den irdischen Wechselfällen. Krishna spiegelt diese doppelte Natur, denn er ist als Inkarnation immanent in der Welt und als die *eine* Wirklichkeit zugleich transzendent.

3. Die Purānas

Die *Purānas*, die «alten Erzählungen», gehören zu der Gruppe von heiligen Schriften in der hinduistischen Überlieferung, die den Veda ergänzen. Sie bestehen aus einer umfangreichen Sammlung alter Legenden, religiöser Unterweisungen, Göttergeschichten, von Texten zum Brauchtum, zu Mythologie und Kosmogonie, zu heiligen Orten und Riten, zu Astrologie und Medizin. Die Sammlung wird Vyāsa zugeschrieben, dem legendären Verfasser des *Mahābhārata.*

Der Überlieferung nach sollen die *Purānas* fünf Gegenstände behandeln: die Erschaffung der Welt; ihre Zerstörung und Neuschöpfung; die Genealogien der Götter und Patriarchen; die Herrschaftszeiträume der Manus (s. Seite 52) verschiedener Weltperioden *(manvantaras)*; die Geschichte der Königsgeschlechter, der Sonne und des Mondes.

Von den achtzehn wichtigsten *Purānas* ist keines vor der Gupta-Periode (320–480 n. Chr.) entstanden, obwohl viel Legendenmaterial weiter zurückreicht. Die Namen der achtzehn großen *Purānas* sind: *Vishnu, Agni, Bhavishya, Bhāgavata, Nāradīya, Garuda, Padma, Varāha, Matsya, Kūrma, Linga, Shiva, Skanda, Brahma, Brahmānda, Brahmavaivarta, Mārkandeya* und *Vāmana.* Das *Vāyu-Purāna* ersetzt in manchen Verzeichnissen das *Agni-Purāna,* in anderen das *Shiva-Purāna.* Wahrscheinlich ist es das älteste; einige der anderen *Purānas* stammen wohl erst aus dem 15. oder 16. Jahrhundert, alle aber sind vielfach bearbeitet worden.

Die *Purānas* trugen sehr zur Verbreitung der Botschaft der *Upanishads* bei den Analphabeten bei, auch bei den Frauen, denen Bildung meistens bewußt vorenthalten wurde. Die «Alten Erzählungen» enthalten auch Elemente ausgeprägter religiöser Hingabe *(bhakti)*, ebenso Unterweisungen des Sāmkhya-Yoga und Vishishtādvaita. Es gibt ferner mehrere ergänzende *Purānas*, die sogenannten *Upapurānas*, und viele moderne Werke nach Art der *Purānas*, die wie sie von den alten Zeiten zu erzählen scheinen.

4. Gott und die Götter

Erscheinung und Wesen der Götter

Das Sanskritwort für Gott ist *deva*, abgeleitet von der Wurzel *div*, «scheinen» oder «strahlen». Es wird für jede abstrakte oder kosmische Macht gebraucht, die in einer Kraft zum Ausdruck kommt, sei es in Gestalt menschlicher Wesen oder als Tiere mit göttlichem Status oder als Inkarnationen *(avatāras)*. Jedes Dorf und jeder Landstrich in Indien hat seine eigenen Lokal- oder Stammesgottheiten, auch zahllose kleinere Gottheiten in Pflanzen, Wäldern und Feldern, die – wenn sie günstig gestimmt sind – der Gemeinschaft Schutz und Glück verleihen sollen. Von manchen erleuchteten Sehern der alten Zeiten, den *rishis*, wird berichtet, sie hätten die Götter in Visionen geschaut.

Die meisten vedischen Gottheiten sind vergöttlichte Naturkräfte. Naturkatastrophen und Seuchen werden feindlichen Kräften zugeschrieben, wie Vritra oder der Göttin Nirriti, der Verkörperung von Verfall, Zerstörung und Tod. Im ganzen aber erscheinen die Götter als dem Menschen wohlgesinnt. Einige, wie Varuna und Mitra, verkörpern die Ideale der Wahrhaftigkeit, Güte und Rechtschaffenheit – ein Anzeichen für den hohen sittlichen Anspruch des Glaubens in der Frühzeit.

Die Verfasser des *Rigveda* bezeichneten nie eine bestimmte Gottheit als die höchste schlechthin, sondern stets gerade den Gott, den sie in dem einzelnen Hymnus anriefen und dem dann die anderen Gottheiten untergeordnet erschienen. Diese Eigenheit gilt für den ganzen Hinduismus: Jeder Hindu erwählt sich eine bestimmte Gottheit *(ishtadevatā)* als seinen höchsten Gott. Ganz wie in der iranischen Tradition kennt ein Abschnitt des *Rigveda* dreiunddreißig Götter; ein anderer Abschnitt aber erklärt, die Namen der Götter seien nur verschiedene Bezeichnungen für das eine höchste Wesen. Eine ähnliche Auffassung findet sich auch in der *Brihadāranyaka-Upanishad* (3,9,1): Auf die Frage nach der Anzahl der Götter antwortete der weise Yājñavalkya zunächst 3306; als er weiter gefragt wurde, antwortete er sechs, dann drei, zwei, eineinhalb und eins. Dann fügte er hinzu, das Höchste und Letzte sei der Lebensatem, der Unendlichkeit *(brahman)* genannt werde. Aus dem *brahman* gehen die kosmischen Räume und die Welten hervor, ohne daß es dadurch auch nur im geringsten abnimmt, ebensowenig wie etwa ein Traum das Unbewußte des Träumenden vermindern kann. Von der Welt aus gesehen, bleibt *brahman* als höchste Gottheit mit dem empirischen Maß der Zahl Eins verbunden. Aus transzendenter Sicht, von der Ebene des unveränderlichen ewigen Seins her betrachtet, ist *brahman* das grenzenlose und eigenschaftslose Absolute, in dem alle Gegensätze versöhnt sind. So lebt von den Zeiten der Veden bis heute der spekulative Monismus neben dem rituellen Polytheismus; und so erscheint die eine Wirklichkeit als unerschöpflich, jenseits von Namen und Form, alles Seiende und alles irdische Wissen durchdringend und übersteigend.

Für den vedischen Glauben bedürfen die Götter der menschlichen Opfergaben, die sie erhalten, um den Gang der Welt aufrechtzuerhalten. Aber weder die vedischen Götter noch die der Hindus bekümmern sich um das Wohl der Menschen allein, denn der Mensch ist ja nur ein Teil der Natur, verbunden mit allen anderen Lebewesen.

Als der klassische Hinduismus sich langsam aus der fortschreitenden Verschmelzung arischer und dravidischer Kultformen, aus Stammes- und Eingeborenen-Kultgemeinschaften entwickelte, verloren die alten vedischen Götter, wie Agni, Indra, Sūrya und Varuna, viel von ihrer früheren Bedeutung. Dafür traten einige kleinere Götter, wie Vishnu und Shiva, in den Vordergrund und nahmen zugleich lokale und nicht-vedische Gottheiten in sich auf. Trotz ihrer unterschiedlichen Ursprünge und Funktionen gelten jedoch alle Götter als Aspekte der Letzten Wirklichkeit *(brahman)*. So kann *brahman* als das eigenschaftslose Absolute betrachtet werden oder als die persönliche Gottheit Īshvara, wenn der Mensch eines höchsten persönlichen, liebenden und beschützenden Gottes bedarf. Einem Glauben an einen persönlichen Gott oder an ein höchstes Wesen können also durchaus polytheistische Elemente zugeordnet sein.

Kein hinduistischer Gott hat die Welt aus dem Nichts geschaffen. Von Brahmā wird oft gesagt, er sei ein «sekundärer» Schöpfer, der «neue» Welten durch Umgestaltung vorhandener ewiger, einheitlicher Materie erschaffe. Die Materie ist ewig, daher immer gleich und doch im einzelnen verschieden; die Schöpfung ist wie die Arbeit eines Töpfers, der aus einem Klumpen Ton viele unterschiedliche Gebilde formt – im Grunde aber bleiben alle bloßer Ton.

Nach indischer Auffassung sind Pantheismus, Polytheismus und Monotheismus in gleicher Weise mögliche Wege zum Göttlichen. In der hinduistischen Überlieferung begegnen auch atheistische Anschauungen, etwa in den frühen Sāmkhya-Unterweisungen und in der materialistischen Schule der Chārvākas, die vom 6. Jahrhundert v. Chr. bis ins Mittelalter lebendig war, dann aber fast alle Anhänger verlor.

Um das 1. Jahrhundert n. Chr. waren alle gebildeten Hindus entweder Vaishnavas oder Shaivas (s. Kap. 10 und 11). Sie lebten friedlich nebeneinander, ohne das Gefühl der Exklusivität einer der beiden Kultgemeinschaften, weil ein Vaishnava die Existenz Shivas und ein Shaiva die Existenz Vishnus akzeptieren konnte: Jeder der beiden Götter wurde als eine Erscheinungsform des einen, unbegrenzten *brahman* angesehen. Diese wechselseitige Toleranz führte naturgemäß zu synkretistischen Gottesbildern, etwa der Dreigestalt *(trimūrti)*, die in der Gupta-Periode verbreitet war. Sie besteht aus Brahmā, dem «sekundären» Schöpfer, Vishnu, dem Welterhalter, und Shiva. Obwohl jeder dieser Gottheiten eine besondere kosmische Funktion zugeordnet ist, sind sie im wesentlichen drei Erscheinungsformen des einen höchsten Wesens.

Der Gott Vishnu wird zum Menschen, um die Menschheit zu retten; seine Inkarnation wiederholt sich immer wieder, wenn es auf der Welt böse zugeht, und vollzieht sich je nach den Umständen in verschiedenen Gestalten. Die Vorstellung eines liebenden Gottes, der um das Wohl der Menschheit besorgt ist, hat eine starke Ausstrahlung. Vishnus *avatāras* sind nur winzige Partikel des überweltlichen Wesens der Gottheit.

Shiva ist das dritte Glied der Dreigestalt. Es ist seine besondere Aufgabe, über die Auflösung der Welt zu wachen. Aber er kann auch eingreifen, um sie zu retten, wenn sie in Gefahr ist, bevor der kosmische Zyklus vor dem Abschluß steht. So verschluckte er das Gift, das alles Leben auf der Erde zerstören sollte. – Ein volkstümlicherer Synkretismus als die Dreigestalt war Harihara, aus Hari, dem Namen für Vishnu, und Hara, dem Namen für Shiva. In diesem Kult konnte sich der Gläubige beiden Gottheiten gleichzeitig zuwenden.

Obwohl die vedischen Götter ihre Vorherrschaft einbüßten, gingen sie nie ganz unter, weil die Hindus eine Gottheit oder einen Glauben nicht unterdrücken, sondern durch Ergänzung oder Erweiterung verändern. Da alle Wesen als Ausdruck des ewigen göttlichen Seins gelten, scheint zwischen ihnen grundsätzlich kein Unterschied zu bestehen. So erhielten berühmte Helden wie Krishna und die drei Rāmas als Inkarnationen Vishnus göttlichen Status.

Manchmal können die Götter auch in Tiergestalt oder als Halbmensch und Halbtier dargestellt werden, ganz wie im alten Ägypten, in Griechenland oder Babylonien. Einige dieser Gestalten können auf wesentlich ältere Kultformen zurückgehen, die in die Kultformen höherer Gottheiten aufgenommen wurden. Aber es wurden auch bestimmte Tiere und Vögel gewählt, weil sie so eindrücklich die Idee der Fruchtbarkeit, Männlichkeit, Schnelligkeit, Schönheit oder Geistigkeit verkörpern. Der Stier etwa drückt Männlichkeit, Fruchtbarkeit und Kraft aus; der Hengst Schnelligkeit, Leistungsfähigkeit und Schönheit; der Elefant ungeheure Stärke, langes Leben und Weisheit; die hochfliegende schneeweiße Gans aber steht für völlige Freiheit, weil sie zu Wasser, auf der Erde und in der Luft zu Hause ist, doch sie verkörpert auch Reinheit und das Streben nach dem Göttlichen. Schlangen *(nāgas)* werden zugleich gefürchtet und verehrt. In vielen Gegenden Indiens begegnet man Schlangenschreinen, denn die Reptilien sollen die Schätze der Erde kennen und bewachen. Der Schlangenkult ist ja in die meisten Weltreligionen eingedrungen, auch in Hinduismus, Jainismus und Buddhismus, und bleibt zugleich ein Volkskult für Landbewohner und Bauern. Für den Inder ist es nicht abwegig, in Tiergestalten die Verkörperung abstrakter Ideen zu sehen, denn alles in der Welt ist für ihn seinem Wesen nach göttlich. Jede einzelne Welt, jedes Geschöpf, jede Pflanze oder jeder Stein ist ihm eine Manifestation der göttlichen Kräfte der Natur. Die Götter könnten in jeder Gestalt erscheinen, denn alle Natur ist in Gott (*brahman*).

Nach einigen Vedānta-Schulen besteht Gottes Wesen in Sein, Bewußtsein und Seligkeit. Im Advaita-Vedānta (s. Kap. 7) wird Gott als niedere Manifestation des *brahman* angesehen, während das Absolute in *brahman* ohne Attribute oder Eigenschaften aufgefaßt wird.

Jede Gottheit hat eine Gefährtin: Für Brahmā ist es die liebliche Göttin der schöpferischen Intelligenz, Sarasvatī; für Vishnu die Göttin des Glücks und der Schönheit, Lakshmī; für Shiva die Berggöttin Pārvatī. Alle diese Göttinnen sind Verkörperungen der wesenhaften schöpferischen Kräfte der Gottheit.

In den weitverbreiteten Kultgemeinschaften theistischer Frömmigkeit in Indien besteht die Anbetung der erwählten Gottheit in liebender Hingabe und uneingeschränkter Verehrung durch den Gläubigen. Wer Gott wahrhaft liebt, versinkt in Seligkeit und begehrt nichts weiter. Diese intensive Hingabe kann die Persönlichkeit des Gläubigen verändern, ist also nicht nur ein vorübergehender Gefühlszustand. Das höchste Wesen wird so vorgestellt, als verstehe es jeden Frommen und jeden Glauben. Es erscheint als die vollkommene Liebe und nimmt alle Gläubigen an, ohne Rücksicht auf ihr Wissen, ihre Spiritualität oder ihre Weltanschauung; zugleich ist es aber vollkommen entrückt, gänzlich frei von jeglichem Eigenstreben. So kann Krishna, die Hauptverkörperung Vishnus, in der *Bhagavadgītā* sagen, er werde den Glauben jedes Frommen stärken, der mit uneingeschränkter Hingabe eine Erscheinung des Göttlichen verehre (7,21 ff.). In dem gleichen Werk nennt sich Krishna: der Geschmack des Wassers, das Leuchten des Feuers, das Leben in allem Daseienden, die Größe des Erhabenen, der Mut des Kühnen, das Wissen des Weisen. Indem er das lebenstiftende Prinzip in allem ist, ist er mehr als das Weltall. Jedes Geschöpf, das Hoheit, Erhabenheit oder Größe besitzt, geht aus einem Bruchteil seiner Herrlichkeit hervor, und er bleibt mit einem Teil der Halt des ganzen Universums.

Die großen Unterschiede zwischen den religiösen Ideen der Menschheit werden durch die Sāmkhya-Lehre von den drei *gunas* gedeutet, den Hauptqualitäten, aus denen sich alles in der Welt zusammensetzt. So herrscht in der höchsten Vorstellung von der Gottheit als der Verkörperung von Güte, Vollkommenheit und Glanz der *sattva-guna* vor. Wenn Gott als zornig, grausam und leidenschaftlich erscheint, überwiegt der *rajas-guna*; und wenn ein Gott der Krankheit, Seuche, Zerstörung und des Todes gedacht wird, tritt der *tamas-guna* in den Vordergrund. Wesen, Eigenschaften und Persönlichkeit, die einer Gottheit zugeschrieben werden, hängen daher großenteils von dem vorherrschenden *guna* im Charakter des Gläubigen ab. Jedes Merkmal, das einem Gott zugeordnet wird, spiegelt den Frommen, seine Geistesverfassung, seine Neigung, seine Bestrebungen, seine Spiritualität, aber nicht die objektive Wirklichkeit. Auch menschliche Begriffe und Vorstellungen – wie Herr, Erlöser oder Beschützer –, die auf eine Gottheit angewendet werden, können nie die grenzenlose göttliche Realität ausdrücken, von welcher der Mensch nur ein winziges Bruchstück wahrnehmen kann. Trotzdem sind alle aufrichtigen Versuche, sich dem Göttlichen zu nähern, in sich berechtigt. Einige sehen die Vielheit in dem Einen, andere das Eine in der Vielheit; das Göttliche aber ist dem Wesen nach Alles.

Jahre der Götter

Das endgültige System der hinduistischen Kosmologie ist das Ergebnis einer Synthese mehrerer, ursprünglich selbständiger Lehren, die sich während vieler Jahrhunderte vollzogen hat. So ergaben sich zahlreiche Widersprüche.

Nach dieser Kosmologie durchläuft eine Abfolge von Welten ohne Anfang und ohne Ende eine Periode nach der anderen. Ein Tag Brahmās umfaßt 4320 Millionen Erdenjahre und wird *kalpa* genannt. Seine Nacht ist genauso lang. Sein Jahr besteht aus 360 solcher Tage und Nächte; seine Lebenszeit erstreckt sich auf 100 Götterjahre; das sind 311 040 000 Millionen Erdenjahre. Nach Ablauf dieser langen Periode löst sich das Weltall ins «Nicht-Geschiedene» auf, bis nach Weltaltern ein sekundärer Schöpfergott erscheint und eine neue Welt sich entfaltet. An seinem Tage erschafft Brahmā das Weltall aus ewig bestehender Materie; am Ende verschlingt er es wieder, und es ruht in der Nacht Brahmās, bis der Vorgang neu anhebt.

Jeder *kalpa* wird in 14 weitere Perioden *(manvantaras)* unterteilt, von denen jede Millionen Jahre dauert und zwischen denen große Intervalle liegen. Während dieser Perioden entsteht eine andere Welt, und ein neuer Manu erscheint als Vorfahr der menschlichen Rasse. Die Jetztzeit ist das siebente *manvantara*, ihr Manu ist Vaivasvata.

Jedes *manvatara* umfaßt 71 Weltalter, die *mahāyugas*, die in vier Zeitabschnitte *(yugas)* unterteilt werden: *krita*, *tretā, dvāpara* und *kali*, die aus 4800, 3600, 2400 und 1200 Götterjahren bestehen, wobei jedes Götterjahr 360 Menschenjahre umfaßt. Diese vier Zeitabschnitte sind manchmal auch nach Metallen benannt: Gold, Silber, Kupfer und Eisen.

Die Menschheit lebt jetzt im *Kali*-Zeitabschnitt, in dem Güte, Tugend, Gerechtigkeit, Stärke, Lebenskraft und Glück auf den niedrigsten Stand gesunken sind. Er begann mit dem Jahr 3102 v. Chr., in dem nach der Überlieferung auch der *Mahābhārata*-Krieg angesetzt wird. Jede der aufeinanderfolgenden Welten entwickelt sich wie ein lebender Organismus: Ihre Lebenskraft wird durch die Jahrtausende schwächer, bis sie sich schließlich auflöst und nach dem Gesetz der kosmischen Perioden die nächste entsteht. In all diesen Welten bleibt der ewige *dharma* immer gleich, die Ordnung, die jede Erscheinung des Universums bestimmt. In der goldenen Zeit richteten sich alle Wesen nach dem *dharma*, in der silbernen Zeit drei Viertel, in der Kupfer- oder Bronzezeit die Hälfte, in der verderbten Gegenwart nur noch ein Viertel. Für die unendliche Abfolge der kosmischen Welten gibt es weder Anfang noch Ende. Deshalb ist das Rad ihr Symbol. Sein äußerer Rand kreist unaufhörlich um die ewige, unveränderliche Achse, *brahman*.

5. Devī und andere Göttinnen

Der weitverbreitete Kult einer nicht-arischen Muttergöttin Devī geht bis ins Neolithikum zurück und begegnet uns in den meisten alten Kulturen. Seine vitale Grundlage ist die Ehrfurcht vor der Menschenmutter, die aus ihrem Schoß neues Leben gebiert und das Kind nährt, umsorgt und vor allen Gefahren beschützt. Die Mutter-Kind-Beziehung wirkt auf viele Gläubige stärker als die kühlere Vater-Kind-Beziehung. Doch die auf das Patriarchat gegründete Religion der Arier verdrängte den Kult der Muttergöttin, bis er Jahrhunderte später kraftvoll wieder erschien. Wie die Funde weiblicher Kleinfiguren zeigen, wurde die Muttergöttin vermutlich in der Kultur des Industals verehrt. Viele der vor-arischen Göttinnen der Eingeborenen wurden später als Erscheinungsformen der vielnamigen Muttergöttin der Veden in den Hinduismus übernommen.

Die Göttinnen des *Rigveda* werden entweder als Gemahlinnen der Götter aufgefaßt oder als Personifikationen des Gottesdienstes, wie z. B. Idā, die Personifikation der Opfergaben oder des Opfertranks, und Hotrā und Svāhā, die Personifikationen der rituellen Anrufungen. Ähnlich wird die Nacht als Göttin Rātri personifiziert, auch mehrere Flüsse, wie Gangā (Ganges), Yamunā und Sarasvatī. Obwohl im *Rigveda* die Göttinnen stets den Göttern untergeordnet sind, ist Aditi doch über alle erhaben. Sie verkörpert die Freiheit und die Unendlichkeit, die alles, auch die Götter, in sich faßt. Sie ist zugleich die Große Mutter, die mit der kosmischen Kuh gleichgesetzt wird, dem Symbol der Mutterschaft und des Überflusses der Natur. Sie wird angerufen, damit sie von allem Übel befreie. Ihre zwölf Söhne, insgesamt die Ādityas genannt, verkörpern die Monate des Sonnenjahres; ihr Anruf soll den Menschen Wohltaten verleihen. Eine andere Göttin, an die etwa zwanzig eindrucksvolle Hymnen gerichtet sind, ist Ushas, die rosige Göttin der Dämmerung, die den Sieg des Lichtes über die Finsternis und des Lebens über den Tod verkörpert.

Andere vedische Göttinnen sind: Prithivī, die «Breite», die Personifikation der Erde; Diti, die Mutter der Daityas, ursprünglich einheimischer Stämme, die sich der vedischen Religion widersetzten und in der späteren Mythologie als Dämonen betrachtet wurden; Aranyānī, die unbeständige Göttin der Wälder und der wilden Tiere; Vāk, die Sprache; Puramdhi und Dhishanā, beide Verkörperungen des Überflusses; Rākā und Sinivālī, freundliche Göttinnen, die später zu herrschenden Gottheiten des Vollmonds und des Neumonds wurden; Ila, die «Mutter der Viehherden»; Asunītī, die Personifikation der «Welt der Geister», angerufen um Stärke und langes Leben; Nirriti, die Göttin des Unglücks, des Verfalls und des Todes.

Die meisten vedischen Göttinnen verkörpern die immerwirkenden Kräfte der Natur, während die nichtvedischen Göttinnen vor allem die Fruchtbarkeit symbolisieren. Beide Vorstellungen verbanden sich unauflöslich in dem Bild einer Göttin, die einerseits Zeugung und Wachstum, andererseits den Vorgang der Auflösung und des Todes verkörpert. Sie hat daher zwei Aspekte: einen mitleidvollen, gütigen, liebenden und einen grausamen, gewalttätigen, zerstörerischen. Aber auch unter dem düsteren Aspekt soll sie die Gläubigen beschützen, die ihre Angst vor den Schrecken des unvermeidlichen, fortschreitenden Veränderungs- und Verfallsprozesses überwinden können, um so die transzendente Schönheit und die ewige Seligkeit zu erfahren, die sie am Ende dem Frommen gewähren wird.

Im Shākta- und im Tantrakult verkörpert die Göttin als Shakti das sichtbare Weltall, das aus der universalen, unzugänglichen, unbewegten Substanz *(brahman)* aufsteigt. Damit wird das Letzte Prinzip des Universums als weiblich betrachtet. Shakti ist die überströmende kosmische Energie, durch welche Götter, Welten und Geschöpfe entstehen. Diese Göttin hat viele Namen, weil viele Lokal- und Stammesgottheiten, darunter auch einige ausgesprochen grausame, in sie eingegangen sind. In den nach-vedischen Zeiten erscheint Shakti als die «Kraft der Götter» *(shakti)* und ist ihnen als Gemahlin zugeordnet. Seit dem 7. Jahrhundert, in dem sie zu Shivas Gemahlin erhoben wurde, wird sie in den Texten häufiger genannt. In ihrer gewinnenden Gestalt erscheint sie als Pārvatī, Umā, Padmā und Gaurī; in ihrer erschreckenden Gestalt ist sie Syamā, Bhairavī, Chāmundā, Kālī und Durgā, die oft mit dem Schmuck der Schädelkette dargestellt werden. Als Durgā zerstört sie den Dämon Mahisa und verfolgt überall das Böse; als Chāmundā und Kālī verkörpert sie Tod, Hunger und Krankheit; als die siebente der acht Mütter personifiziert sie die Energien der Hauptgötter. Dieser zweifache Aspekt bedeutet den unaufhörlichen Kampf zwischen Leben und Tod, Gut und Böse. Der Nachdruck, der damit auf beide Seiten des Lebensprozesses gelegt wird, soll die reifen Gläubigen befähigen, die unabänderlichen Wechselfälle des Lebens zu verstehen, anzunehmen und nicht mehr zu fürchten. Als selbständige Göttin ist sie Devī, die Gestalt des Grenzenlosen *(brahman)*, aus dem die Welt als Natur und als Person *(prakriti-purusha)* aufsteigt. Einige Shākta-Werke setzen Shakti mit der ungewöhnlich schönen Göttin Tripurashundari gleich, der Verkörperung des wonnevollen Aspekts des gestaltlosen *brahman (nirguna-brahman)*.

Die häßliche, ausgemergelte, mit Schädelketten geschmückte Göttin Kālī ist vor allem in Bengalen volkstümlich. Dort hat ihr Kult viele Lokalgottheiten in den Schatten gestellt, so etwa Manasā, die Schlangengöttin, Sītālā, die Pockengöttin und Chandī, die Jägergöttin. Zu den vielen Erscheinungsformen Kālīs gehören auch: die zehn Mahāvidyās, die Personifikationen ihres übernatürlichen Wissens; die sieben Mütter, Saptamatrikās, die mit den sieben Sanskritvokalen gleichgesetzt werden; die 64 Yoginīs, die Verkörperungen der Kräfte des Yoga und der Schamanen-Magie; und die Dākinīs, böse Geister, die rohes Fleisch essen und Durgā begleiten.

Die Göttin Shakti ist eine der drei Gottheiten, deren Bild sich aus der Verschmelzung mehrerer kultureller Traditionen durch die Jahrhunderte geformt hat. Die beiden anderen sind Vishnu/Krishna und Shiva, die von Sektenanhängern als höchste Wesen verehrt werden. Der nicht auf eine Sekte festgelegte Hindu erkennt diese Gottheiten lediglich als Verkörperungen der verschiedenen Aspekte des Göttlichen an.

Die volkstümlichste Göttin ist heute Shrī, die Personifikation von Glück und Schönheit. Sie wird einmal im *Rigveda*, häufiger im *Atharvaveda* und in anderen Veden genannt. Später wurde sie mit der nach-vedischen Göttin Lakshmī verbunden, die aus einem Milchmeer, dem Bild des Überflusses, hervorging, als die Götter und die Asura-Geister es quirlten. Die Verbindung der zwei

Göttinnen und ihre Beziehung zu verschiedenen um sie gruppierten Mythen deutet auf eine Verschmelzung zahlreicher volkstümlicher Überlieferungen hin. Shrī soll in Blumengirlanden wohnen; daher werden denen Wohlstand, Glück und Sieg verheißen, die mit ihnen geschmückt sind. Auch ist sie eng mit dem Gedeihen und mit dem Ackerboden verbunden. So wuchs ihr nach dem Tode eine Reispflanze aus dem Nabel, und ihr Fruchtbarkeitsaspekt zeigt sich in ihrer Verbindung zum Dung, die sie zu Karīshin, «reich an Dung», macht.

6. Geister, Gespenster und Dämonen

Neben dem alten vedischen Kult und der zeitgenössischen kultischen Verehrung Vishnus, Shivas und Shaktis gibt es in Indien unzählige Formen des Animismus, der Naturanbetung und des Dämonenglaubens. Jeder Fluß, jeder Berg, jeder Wald und jedes Feld hat seine eigene beherrschende Gottheit, ebenso Häuser, Tempel, Schreine, Straßen, Wege und Dörfer. Die meisten dieser Lokalgottheiten gehen auf die heimische Vergangenheit zurück, und viele sind allmählich von den höheren Kultformen absorbiert worden. Solche Geister können in Höhlen, auf Hügeln, am Rande von Siedlungen oder unter heiligen Bäumen verehrt werden.

Die Yakshas, geheimnisvolle Wesen, die auch im Buddhismus und im Jainismus bekannt sind, können als Manifestationen des Numinosen gedeutet werden. Sie sollen sich an einsamen Orten aufhalten und gehen vermutlich auf die Pflanzengottheiten der vor-arischen Gemeinschaften zurück. Oft ist ihnen zu Ehren unter einem heiligen Dorfbaum eine Steintafel oder ein Altar errichtet, denn ihre Anwesenheit soll dem Dorf Glück bringen. Ihre weiblichen Entsprechungen, die Yakshīs, verkörpern die Lebenskraft der Vegetation. Einige Yakshas verursachen Wahnsinn und andere Krankheiten. So wurde ein Kranker, der von Tollwut befallen war, an einem Kreuzweg gebadet und dabei das Gebet gesprochen: «O Yaksha, du Herr der Hunde, befreie mich vom Gift des tollwütigen Hundes, der mich gebissen hat.» (*Sushruta-Samhitā* 2,736)

Wie andere übernatürliche Wesen auch können Yakshas dem Menschen freundlich oder feindlich gesinnt sein. Als Beschützer der Gemeinschaft werden sie oft auf Schreinen und Türpfosten als schöne, kräftige und machtvolle Männer dargestellt. Die späteren Kultbilder Shivas, der Yoginīs, der sieben Mütter und einige Erscheinungsformen der Göttin Devī sind vielleicht von Yaksha-Vorbildern geprägt worden. Kubera, der Gott des Reichtums, ist in der späteren Mythologie der Führer der Yakshas.

Zu dieser Vielfalt der Geister gehören auch die Pretas, die ätherischen Gestalten der jüngst Verstorbenen. Die früher Verstorbenen werden zu Vorfahren oder Vätern (Pitris). Pretas und Pitris bleiben in der Welt tätig und helfen gelegentlich ihren Nachkommen. Der Verstorbene kann jedoch erst mit seinen Vorfahren vereint und zum Status eines Pitri erhoben werden, wenn die korrekten Begräbnisriten *(shraddhās)* durchgeführt worden sind, darunter das Opfer von Wasser und Begräbniskuchen *(pindas)* für die drei unmittelbaren Vorfahrengenerationen des Verstorbenen. Die Opfer bieten den ätherischen Körpern Nahrung und bringen den Stiftern Verdienste. Die Pitris werden sehr verehrt und haben den Beinamen «Gottheiten der Götter». Ihr Reich wird manchmal mit dem Himmel *(svarga)* gleichgesetzt, häufiger aber als eine niedere, in Süden gelegene Welt vorgestellt, die Yamaloka, dem Reich des Totenrichters Yama, gleichgesetzt wird.

Die Seelen aller, die eines gewaltsamen Todes gestorben sind, werden zu unheilvollen Bhūtas, Nachtgeistern, die bestimmten Pretas zugeordnet sind, besonders den Pretas jener Toten, die eines unnatürlichen Todes gestorben sind oder deren Bestattungsriten nicht durchgeführt wurden. Die Bhūtas bewohnen Bäume und verfallene Gebäude; in Nordindien werden sie von manchen Niedriggeborenen verehrt, da sie auch in magische Praktiken einschließen. Im modernen Indien werden sie als die Geister der Toten angesehen, sind also ganz mit den Pretas verschmolzen.

Scharen von Bhūtas sollen den Heeren in den Krieg gefolgt sein; aber nicht alle bringen Unheil, denn einige rühmen und verherrlichen auch die großen Helden. Pretas und die Pishāchas, andere dämonische Geister, tanzen auch zwischen den Toten und Verwundeten auf den Schlachtfeldern oder auf den Bestattungsplätzen. Sie verkörpern die Kräfte der Dunkelheit, der Grausamkeit, der Gewalt und des Todes, ganz so wie die Yātudhānas, die Wächter von Kuberas Berg. Die Yātudhānas, die Tierhufe haben sollen, werden im *Rigveda* erwähnt. Dort wird Agni angerufen, um solche weiblichen Dämonen, Yātudhānīs, zu verbrennen. Häufiger werden sie im *Atharvaveda* genannt. Er berichtet, daß die Apamarga-Pflanze ihren Fluch und Zauber unschädlich macht. Das *Mahābhārata* schreibt ihnen vielerlei Unheil zu, vor allem die Krankheiten von Frauen und Kindern.

Andere Geister sind Rākshasas, Bhairavas, Nāgas, Asuras und Vetālas. Rākshasas und Pishāchas sind häßlich und blutdürstig. Von der Abenddämmerung an und die ganze Nacht hindurch, wachsen ihre Kräfte durch den Genuß rohen Fleisches. Menschen können von Pishāchas besessen sein, und der *Atharvaveda* beschreibt, wie man sich mit Mantras und bestimmten Pflanzen vor dieser Besessenheit schützen kann. Die Pishāchas können jede Gestalt annehmen oder auch unsichtbar bleiben; und sie können einem Menschen beim Gähnen leicht in den Mund schlüpfen. Sie halten sich auf Verbrennungsplätzen auf und suchen nach nichtverbrannten Leichen, um in sie einzudringen und so die Lebenden zu erschrecken. Die Bhairavas sind die furchterregenden Begleiter Rudras, erscheinen aber manchmal auch als Aspekte Shivas. Die Nāgas sind Schlangengottheiten und bewachen die Schätze der Erde. Die Asuras sind in der Zauberei erfahren und in der Schlacht erprobt. Im *Rigveda* ist Asura gleichbedeutend mit «Gott» *(deva)*, etwa wenn Varuna als der große Asura angerufen oder Rudra «Asura des großen Himmels» genannt wird. Seit der späteren vedischen Zeit aber wird der Name Asura für Dämonen gebraucht. Āsurī, eine Dämonin, die ein Heilmittel gegen den Aussatz beschafft, wird im *Atharvaveda* erwähnt. Die Vetālas ähneln den Vampiren, die Tote lebendig machen. Ihr unheimliches Singen – übrigens auch das der Bhūtas und anderer Geister – wird oft auf Bestattungsplätzen vernommen. Vetāla kann außerdem eine Art der schwarzen Magie bezeichnen.

Andere Wesen aus der Sphäre zwischen dem Menschen und den Göttern sind die Gandharvas, himmlische Musikanten und Vorbilder irdischer Musikanten, Sänger und Tänzer. Ihre weiblichen Entsprechungen, die nymphenähnlichen Apsarases, die Tänzerinnen der Götter, können im Menschen den Wahnsinn der Leidenschaft, des Glücksspiels und des Krieges auslösen. Die Gandharvas und die Apsarases wohnen in besonderen Bäumen, aus denen ihre Zimbeln und Lauten gehört werden können. Sie werden angerufen, um Hochzeitszüge zu beschützen und Würfelspielern Glück zu bringen. Die Apsarases sind so ungewöhnlich schön, daß die Götter sie manchmal aussenden, um Asketen in Versuchung zu bringen, deren Kräfte zu groß geworden sind. Von den Nymphen glaubt man, daß sie ihre Liebhaber unter den Toten auf den Schlachtfeldern wählen und sie in Indras Paradies tragen.

Die Yoginīs, die weibliche Entsprechung zu den Yogis, werden als Hexen oder weibliche Dämonen betrachtet. Das erklärt die frauenfeindliche Haltung weiter Bereiche der indischen Überlieferung und erklärt auch die Verurteilung aller Frauen, die Yoga zu üben versuchen und dafür in die Hölle verdammt werden. Die Yoginīs begleiten Durgā und Shiva; manchmal sind sie auch niedere Erscheinungen Durgās. Sie verkörpern die Kräfte der Schamanen-Magie wie die des Yoga. Andere weibliche, mit Durgā verbundene Dämonen sind die Shākinīs und Dākinīs, die rohes Fleisch essen. Die Dākinīs sind mit dem buddhistischen und hinduistischen Tantrismus verbunden.

Diese große Vielfalt von Geisterwesen kann den besonderen Bedürfnissen von Menschen gerecht werden, deren Herkunft, Intelligenz und spirituelles Niveau individuell verschieden sind. Selbst in Hochkulturen leben ja archaische und höhere Glaubensvorstellungen nebeneinander. Der spirituell differenzierte Mensch kann so das unpersönliche *brahman* verehren; der Mensch der Tatenwelt kann Yakshas und Asuras anrufen; der emotionale Mensch kann Geister beschwören. Diese Lehre gründet sich auf die Vorstellung von den drei *gunas*, welche die verschiedenen Persönlichkeitstypen symbolisieren.

7. Die sechs orthodoxen philosophischen Systeme

Philosophie in Indien

Das Sanskritwort für Philosophie ist *darshana*, abgeleitet von *drishti*, was «Sehen», «Wahrheitsschau» oder «Gesichtspunkt» bedeutet. Hinter den großen philosophischen Systemen des Hinduismus liegt eine lange, vielschichtige Entwicklung durch fast zweitausend Jahre, die hier nur ganz kurz und sehr vereinfacht dargestellt werden kann.

Obwohl die indische Philosophie untrennbar mit religiösen Vorstellungen und dem Streben nach Erleuchtung verbunden ist, kann ein orthodoxer Hindu Atheist sein. Einige der überlieferten Systeme sind insoweit atheistisch, als sie die Existenz eines Schöpfergottes leugnen. Aber anders als der Atheismus des Westens ist der indische Atheismus nicht notwendig areligiös: Der indische Atheist kann zu einem Gott oder zu Göttern beten, die er als einen Teil des Weltalls – nicht als Herr und Schöpfer außerhalb des Universums – sieht. Die meisten Denker des Hinduismus gehen trotz der Verschiedenheit ihrer Anschauungen von einigen übereinstimmenden Grundvorstellungen – wie Karma, Wiedergeburt, Befreiung und die Einheit hinter aller scheinbaren Vielfalt – aus. Sie teilen auch die Annahme einer fortschreitenden Entfaltung der Welten und Weltsysteme und ihrer Auflösung. Für sie ist unsere Erde nur ein winziges Pünktchen in der unbegreiflichen

Weite des Raumes, und das menschliche Leben ist nur die kleinste Welle im Ozean der kosmischen Zeit. Während der immer wiederkehrenden kosmischen Perioden steigen Kulturen auf und stürzen wieder zusammen; biologische Arten erscheinen und verschwinden; große Nationen erheben sich und vergehen; Religionen steigen auf, blühen eine Zeit lang und welken dann dahin; Zeiten der Barbarei und des Krieges wechseln ab mit Zeiten des Wohlstands und des Friedens. Diese weite Sicht ermöglicht dem indischen Denker eine distanzierte Lebensauffassung und die Einsicht in die relative Bedeutungslosigkeit und Vergänglichkeit aller Dinge und Lebewesen. Er versucht, sich nicht an das Flüchtige zu klammern, sondern die letzte Wirklichkeit zu erreichen; denn wenn auch der Körper des Menschen durch Raum und Zeit begrenzt ist, gilt seine Seele oder sein Geist doch als ewig.

Schon in frühen Zeiten war es üblich, daß die Philosophen an regelmäßigen öffentlichen Diskussionen mit den Angehörigen anderen Schulen teilnahmen, und so entwickelte sich keines der großen Systeme isoliert von den anderen. Diese geistige Offenheit und Lernbereitschaft erklärt die Toleranz gegenüber anderen Standpunkten und die ausformulierten und spitzfindigen Lehrsätze in weiten Bereichen der indischen Philosophie. Obwohl die Systeme nicht alle zur gleichen Zeit entstanden, waren sie Jahrhunderte hindurch ohne große Rivalitäten nebeneinander lebendig, und auch im modernen Indien haben sie noch ihre Anhänger.

In den Jahrhunderten nach dem Auftreten des Buddha und des Jaina Mahāvīra entwickelten sich sechs orthodoxe *(āstika)* religiös-philosophische Systeme. Alle erkannten die Autorität der Veden an, obwohl ihre Deutungen, die theistische und atheistische, monistische und dualistische Anschauungen einschlossen, auseinandergingen. Keines dieser Systeme erreichte je den Status einer exklusiven, dogmatischen Orthodoxie, denn die hinduistische Rechtgläubigkeit konnte sich weder auf eine zentrale Lehrautorität noch auf eine Organisation stützen. So können diese Systeme trotz ihrer Unterschiede als einander ergänzende Aspekte oder Deutungen der einen, von abweichenden Standpunkten geschauten Wahrheit gelten. Die Widersprüche sind mehr scheinbar als wirklich und können dazu dienen, die Begrenztheit jeder einzelnen Sichtweise aufzuzeigen.

Von den wirklichen oder legendären Gründern dieser Schulen ist nichts bekannt, und ihre Namen sind wahrscheinlich eher die von Systemen als von Individuen. Jede Schule hat ein besonderes Sūtra, das dem legendären Gründer zugeschrieben wird. Ohne Kommentare sind diese Werke oft dunkel, denn sie waren ursprünglich als Gedächtnisstützen für Lehrer gedacht, die ihre Schüler mündlich unterwiesen.

Die sechs Systeme werden meist paarweise geordnet: Sāmkhya (auf intellektuelles Wissen gestützt) und Yoga (auf die Beherrschung der Sinne und inneren Kräfte gestützt); Vaisheshika (der experimentelle, auf sinnliche Erfahrung gestützte Standpunkt) und Nyāya (der logische, auf Dialektik gestützte Standpunkt); Vedānta (gestützt auf metaphysische Spekulation) und Mīmāmsā (der deistische und ritualistische, auf heilige Schriften gestützte Standpunkt). Das zweite System jedes Paares ist mehr eine Methodologie als eine metaphysische Schule. So bedient sich ein Yoga-Schüler der Sāmkhya-Methaphysik als Philosophie hinter der Übung des klassischen Yoga. Dieses traditionelle Schema der sechs Philosophien ist jedoch relativ vereinfacht, denn innerhalb des Vedānta gibt es bedeutende Auffassungsunterschiede, die zu mehreren Vedānta-Schulen geführt haben. Ferner gibt es andere Systeme, wie Shaiva Siddhānta, die außerhalb der traditionellen sechs Systeme liegen.

Sāmkhya

Die wörtliche Bedeutung von Sāmkhya ist «Aufzählung». Es ist ein System des dualistischen Realismus, das dem halbmythischen Seher Kapila zugeschrieben und eng mit dem Yoga-System verbunden wird. Dabei dient Yoga als eine praktische Methode der Befreiung, und Sāmkhya liefert den metaphysischen Hintergrund, obwohl zwischen beiden Systemen auch kleinere Unterschiede bestehen.

Der älteste erhaltene Sāmkhya-Text ist zweifellos die *Sāmkhyarika* von Īshvara-Krishna (3. oder 4. Jahrhundert n. Chr.). Die Grundvorstellungen des Sāmkhya und des Yoga sind indessen wesentlich älter und gehen bis in einheimische, nicht-vedische Vergangenheit zurück. Später wurden sie in die orthodoxen Systeme der Hindutradition aufgenommen, nachdem die Anhänger des Sāmkhya-Yoga die Autorität der Veden anerkannt hatten.

In diesem System werden zwei letzte ewige Wirklichkeiten anerkannt, Geist *(purusha)* und Natur *(prakriti)*. Davon ist *prakriti* die eine, alles durchdringende, unbewußte, in sich gesammelte Substanz, die sich in der Welt in zahllosen verschiedenen Formen entfaltet. Diese einheitliche, sich aber stets verändernde Substanz kann nicht gesehen, sondern nur erschlossen werden. Ihre drei Hauptbestandteile oder Elemente sind die *gunas*: *sattva, rajas* und *tamas*. Jeder *guna* hat bestimmte Merkmale, die bis zu einem gewissen Grade den anderen entgegengesetzt sind; doch sie bestehen immer nebeneinander, sie hängen zusammen, und sie wirken zusammen, um alles in der Welt hervorzubringen. Der *sattvaguna* besteht in Wesenheit, Klarheit, Güte und Wahrheit; der *rajas-guna* in Kraft, Stärke, Tat und Leidenschaft; der *tamas-guna* in Dunkelheit, Masse, Trägheit und Unwissenheit. Je nachdem, welcher *guna* vorherrscht, kann etwas als gut, schlecht oder indifferent, als intelligent, aktiv oder träge bestimmt werden.

Solange die drei *gunas* im Gleichgewicht sind, ist eine Gestaltwerdung nicht möglich. Die Entfaltung einer neuen Welt beginnt erst, wenn sich *purusha* und *prakriti* verbinden, und darauf *prakriti* den langen Prozeß der Differenzierung beginnt. Es genügt aber auch die bloße Anwesenheit von *purusha*, um *prakriti* zu aktivieren.

Purusha ist Nicht-Materie oder reiner Geist und kann nur in negativen Ausdrücken beschrieben werden. Er ist ohne Eigenschaften, Attribute oder Teile, und er ist unvergänglich. Vom kosmischen Gesichtspunkt ist *prakriti* die geheimnisvolle, schreckliche Kraft, die sich durch unzählige Weltalter entfaltet und auflöst. Vom psychologischen Standpunkt ist sie in einzelnen Lebewesen als Intellekt *(buddhi)* anwesend, eine Entwicklungsstufe der Materie. Sie ist daher die Ursache der dreiundzwanzig Prinzipien *(tattvas)* oder Kategorien, welche die Welt ausmachen. Der ewige *purusha,* die 24. Kategorie, entsteht nicht aus der *prakriti*, der 25. Kategorie, weil beide ewig sind. Diese Vorstellung kommt ohne einen Schöpfergott aus, weil *prakriti* die angemessene Ursache der Weltentstehung ist; von daher war das Sāmkhya-System ursprünglich atheistisch. Unter dem Einfluß des Yoga-Systems, mit dem es später verschmolz, wurde es jedoch theistisch; so wurde eine

26. Kategorie hinzugefügt, die Īshvara, Herr oder Gott, genannt wurde.

Im Grunde gibt es nur einen *purusha.* Wenn er sich jedoch äußerlich manifestiert, wird er gleichsam in eine Vielzahl von Seelen oder Geistern aufgespalten. Einige dieser Geister sind befreit; andere aber sind noch an individuelle, in die Natur eingebettete Körper gebunden und damit der langen Folge von wiederholter Geburt und wiederholtem Tod unterworfen, manchmal auch in menschlicher, tierischer oder anderer Lebensform verkörpert. Obwohl der Geist seinem Wesen nach immer frei ist, kann er nur durch Wissen, tugendhaftes Leben und Yoga-Übung aus der Bindung an die Materie gelöst werden. Alle unsere Sorgen und Leiden, die im materiellen Dasein verwurzelt sind, rühren nur daher, daß wir die grundlegende Unterscheidung *(viveka)* zwischen Selbst und Nicht-Selbst nicht kennen. Diese Trennung kann nur nach langer, harter spiritueller Übung erfahren werden, durch das ständige Meditieren der Wahrheit, daß das reine, ewige Bewußtsein jenseits der Verbindung von Geist und Körper liegt, jenseits der Ordnung von Ursache und Wirkung, die das ganze irdische Dasein bestimmt.

Wenn die Befreiung erreicht ist, wird das individuelle Selbst nicht mehr von den Wechselfällen des Lebens berührt; leidenschaftslos beobachtet es die flüchtigen Ereignisse dieser Welt, ohne von ihnen abgestoßen, angezogen oder betroffen zu sein. Die Befreiung kann entweder in diesem Leben *(jīvanmukti)* oder in der künftigen Welt erreicht werden. Wenn der Geist von dem psycho-physischen Organismus – und damit auch vom Intellekt – endgültig frei ist, bleibt er ewig unbewußt, weil die materielle Basis für alle psychischen Vorgänge nicht mehr vorhanden ist. Eine zeitlich begrenzte Befreiung vollzieht sich im tiefen, traumlosen Schlaf und in Ohnmachtsanfällen.

Yoga

Yoga ist ein theistisches System, das mit Sāmkhya viele Ähnlichkeiten hat. Es übernimmt den größten Teil der Erkenntnistheorie des Sāmkhya, darunter die 25 Prinzipien, denen es ein weiteres – Īshvara oder Gott – hinzufügt. Ebenso übernimmt es die Vorstellung, daß die individuellen Seelen aus der universalen Seele hervorgehen und daß sie so zahlreich sind wie die Körper, in die sie eingehen. Yoga wendet die Lehre des Sāmkhya auf den Alltag an, oder wie es in der *Shvetāshvatara-Upanishad* (6,13) ausgedrückt ist: «Sāmkhya ist Wissen, Yoga ist Übung.»

Die *Yoga-Sūtras* werden Patañjali zugeschrieben, von dem sonst wenig bekannt ist. Ihre ersten Bücher stammen vermutlich aus dem 2. Jahrhundert v. Chr.

Die acht Stufen der Yoga-Übung sind:

1. Selbstbezwingung *(yama)*; Verzicht auf körperliches oder seelisches Verletzen von Lebewesen; Vermeiden von seelischer oder körperlicher Unkeuschheit, von Lügen, Stehlen und von Begierde, denn das Streben nach Besitztümern und neuen Erfahrungen lenkt den Geist ab und vergeudet die Kräfte.
2. Selbstschulung *(niyama)*; Ausbildung sittlicher Tugenden, wie Güte, Freundlichkeit, Zufriedenheit, Nachsicht mit den Unvollkommenheiten anderer; beständiges Studium der Veden und anderer heiliger Texte; wiederholendes Preisen des Namens der erwählten Gottheit. Da alles Verstehen sich über eine

Folge gesprochener Laute vollzieht, müssen wir durch beständige rhythmische Wiederholung bestimmter Grundsilben und gleichzeitige Meditation über ihre Bedeutung die in ihnen verborgene Energie wecken und festhalten. So können wir zu allem Wissen gelangen, das durch Laute ausgedrückt wird, zum Wissen in Worten.

3. Einnehmen einer entspannten Stellung *(āsana)*, meist das *padmāsana*, die Stellung mit gekreuzten Beinen, in welcher der Buddha und die meisten Hindugottheiten dargestellt werden.
4. Technik der Atemkontrolle *(prānāyāma)*; sie sollte durch einen Kundigen gelehrt werden.
5. Rückzug der Sinne *(pratyāhāra)* von allen äußeren Reizen.
6. Konzentration *(dhāranā)* auf ein besonderes Objekt der Betrachtung.
7. Ununterbrochene, zielgerichtete Meditation (*dhyāna*) über einen Gegenstand.
8. Völlige Versenkung *(samādhi)* in Feuer, in Gott oder ein bestimmtes Objekt, bis das individuelle Bewußtsein ganz in ihm aufgeht und sich selbst nicht mehr wahrnimmt. Es gibt also keinen Dualismus, kein Bewußtsein von Selbst und Nicht-Selbst mehr, wenn die spontane Tätigkeit des Geistes aufgehört hat. Daher lehren die *Yoga-Sūtras* (3,51), daß die Versenkung erreicht ist, wenn die Reinheit der Betrachtung ganz der Reinheit der Lebensmonade *(purusha)* gleichkommt.

Für die Yoga-Philosophie ist das höchste Wesen ewig, alles durchdringend und allwissend. Es bewirkt die Verbindung der beiden göttlichen Prinzipien *prakriti* (Materie oder Natur, später als weiblich angesehen) und *purusha* (kosmisches Wesen oder Geist, ewig und unveränderlich, als männlich angesehen) und damit die Entfaltung des kosmischen Prozesses. Dieses Wesen verursacht aber auch die Auflösung der Welt durch die Trennung von *prakriti* und *purusha*. Da die Natur als weiblich und der Geist als männlich galt, konnten die Gottheiten Shiva und Shakti mit diesen Vorstellungen leicht verbunden werden, wie auch andere Götterpaare, die tantrischen Kultformen zugeordnet waren.

Nach der Lehre des Yoga ist das individuelle Selbst oder der Geist seinem Wesen nach reines Bewußtsein, frei von allen körperlichen oder seelischen Begrenzungen; aber durch Unwissenheit wird er mit der Seele und dem Körper zusammengeworfen. Das ist möglich, weil der Geist die wechselnden Zustände und Veränderungen der Seele spiegelt; er scheint so den verschiedenen seelischen Veränderungen unterworfen, wie sich der Mond zu bewegen scheint, wenn er von den Wellen gespiegelt wird.

Das letzte Ziel von Yoga und Sāmkhya ist die Aufhebung aller seelischen Veränderungen, nicht die Berührung oder die Verschmelzung mit Gott oder *brahman*. Der individuelle Geist muß sich durch Bemühen und Selbstdisziplin vom Zugriff der Materie befreien, bis er den Endzustand vollkommener Loslösung *(kaivalya)* erreicht, frei von aller Berührung mit der Materie ist, frei vom Leiden und frei von Gemeinschaft mit anderen befreiten Geistern. Trotzdem ist die Verehrung Gottes ein Teil der Yoga-Übung; für viele ist sie das beste Mittel, Konzentration, Selbstdisziplin und Bewußtseinsreinigung zu erreichen, die den Weg zur Befreiung bereiten. Gott ist das ideale Objekt der Meditation. Durch seine Gnade nimmt er das Böse und Unreine aus dem Leben des Yogi. Das widerspricht nur scheinbar der Lehre vom Karma. Gott versagt seine Gnade, wenn der Gläubige ihrer nicht wert ist.

Durch Jahrhunderte hat der Yoga gelehrt, was die Philosophie des Westens erst spät entdeckt hat: daß es mehr Bewußtseinsebenen gibt, als gewöhnlich wahrgenommen wird, und daß der Mensch seine physischen und psychischen Möglichkeiten erst ganz verwirklichen kann, wenn er auf diese Ebenen gelangt.

Vaisheshika

Das Vaisheshika war ursprünglich ein atheistisches System; es wird dem legendären Seher Kanāda zugeschrieben, der auch als Uluka bekannt ist, und gründet sich auf das *Vaisheshika-Sūtra* (um 100 n. Chr.).

Das frühe Vaisheshika vertrat eine atomistische Weltdeutung, die in manchem den Anschauungen des Buddhismus, des Jainismus und der Ajīvīka-Bewegung ähnelt. Es ging von der Vorstellung aus, daß alles auf der Welt – bis auf die Seele, die Grundlage von Bewußtsein, von Zeit und Raum, von Geist – sich aus verschiedenen Kombinationen von Atomen zusammensetzt, von ungeschaffenen, unsichtbaren, ewigen Einheiten, die zurückbleiben, wenn ein Gegenstand auf seinen kleinsten Bestandteil zurückgeführt wird. Obwohl Atome ohne Eigenschaften sind, besitzen sie Wirkmöglichkeiten, die sich realisieren, wenn die Seele mit dem Denkorgan *(manas)* verbunden ist und ihre Fähigkeiten aktiv werden können. Die selbständigen einzelnen Atome haben also keine Ausdehnung, bis sie nicht mit anderen verbunden sind und so als Materie sichtbar werden. Während der Zeit der Weltauflösung sind die Atome nicht mehr verbunden, und die sichtbare Welt löst sich daher auf. Die lange kosmische Nacht der Auflösung ist für die Wiederauffrischung der Seelen notwendig, die durch ihre beständigen Aktivitäten erschöpft sind. In der Zwischenzeit bleibt ihr gutes und ihr böses Karma latent, bis der Vorgang von neuem anhebt.

Als das Vaisheshika mit dem Nyāya-System verschmolz, wurde es durch die Einführung der Vorstellung von Gott oder der höchsten Seele *(paramātman)* theistisch; sie sollte erklären, wie die Welt und alles in ihr aus verschiedenen Kombinationen von ewigen Atomen entstehen konnte. Gott wird daher als «sekundärer» Schöpfer angesehen, der aus ewig bestehender Materie immer wieder Welten erschafft.

Nyāya

Der Nyāya (wörtl. «richtig»), ein System des logischen Realismus, wird dem Seher Gotama, auch Gautama oder Akshapāda genannt, zugeschrieben. Er stützt sich auf das *Nyāya-Sūtra*, das vermutlich im 2. Jahrhundert n. Chr. – allerdings auch mit viel früherem Material – zusammengefügt wurde.

Wie alle indischen Systeme ist der Nyāya eine Philosophie für das Leben. Denn um wahres Wissen zu erlangen, muß man zunächst verstehen, was Wissen ist; man muß seine Grundlagen kennen, seine Begründung und die Methoden, falsches Wissen von wahrem zu unterscheiden.
Im System des Nyāya gibt es fünf Glieder oder Sätze:

1. die Behauptung: auf dem Berg ist ein Feuer;
2. die Begründung: denn der Berg raucht;
3. die Erläuterung: überall wo Rauch ist, da ist Feuer;

4. die Wiederholung: der Berg raucht;
5. die Folgerung: daher ist Feuer auf dem Berg.

Der Nyāya lehrt, daß ein Vorhandensein von Ideen, Vorstellungen, Anschauungen und Gefühlen immer von einem Geist abhängig ist, da sie ohne einen sie denkenden Geist nicht existieren könnten. Aber Gegenstände – Tiere, Pflanzen, Flüsse, Berge und Häuser –, die nicht von unserem Geist abhängen, sind da, ob wir sie nun kennen und denken oder nicht. Der Körper ist aus Materie gemacht, der Geist *(manas)* aus einer feinen unteilbaren, ewigen Substanz *(anu)*; das Selbst *(ātman)* ist jedoch von beiden verschieden. Es erlangt Bewußtsein, wenn es durch die Sinne auf ein Objekt bezogen wird. Da also das Bewußtsein nur eine hinzukommende, keine wesensmäßige Eigenschaft des Selbst ist, bestimmt es das Selbst nicht mehr, nachdem die Befreiung erreicht ist. Die Befreiung besteht in der Erfahrung, daß das Selbst von Körper, Geist und Sinnen unterschieden ist. Die Befreiung erlöst das Selbst von allen Wünschen und Bindungen, die durch die Sinne an den Geist herangetragen werden. Dann vollzieht sich alles Tun nur noch altruistisch, so daß kein neues Karma angesammelt werden kann. Dann enden aller Schmerz und alles Leid, denn die Seele ohne Bewußtsein besteht als reine Substanz.

Gott wird im *Nyāya-Sūtra* nicht genannt. Die Seele und die Materie sind ewig und ungeschaffen, das Schicksal des Individuums hängt ganz von seinem Karma ab. Als das Vaisheshika um das 9. Jahrhundert oder früher mit dem Nyāya verschmolz, wurde der Nyāya dennoch theistisch. Demnach hat Gott die Welt und ihre Bewohner aus ewig beständigen Atomen geschaffen, und die Einzelseelen werden entsprechend ihrem Karma ihren Erfahrungen unterworfen. Früher oder später erreichen alle Individuen die Befreiung durch das rechte Wissen von sich und der Welt. Dann wird die befreite Seele, von allem Bewußtsein ledig, als reine Substanz existieren. Die völlige Erlösung des Geistes nach diesem System entspricht der Vorstellung des Sāmkhya von der Befreiung.

Das Nyāya-Vaisheshika betrachtet Gott als eine besondere, von den anderen unterschiedene Seele. Gott ist allwissend, allmächtig und kann daher das Weltall beherrschen. Er ist auch nie in eine Folge von Existenzen verstrickt worden, wie die anderen Seelen. Ähnlich wie im Westen wurden zahlreiche Beweise für die Existenz Gottes aufgestellt.

Eine Zeitlang ergaben sich Konflikte zwischen den Anhängern des Nyāya und den Buddhisten, bis im 6. Jahrhundert Uddyotakara die Lehren umstilisierte und viele logische Lehrsätze des Mahāyāna-Buddhismus einfügte. Im 13. Jahrhundert wurde dann aus dem Nyāya-Vaisheshika eine neue, spitzfindige Logikschule, Navyanyāya, entwickelt.

Vedānta

Vedānta bedeutet «das Ende des Veda», den Höhepunkt vedischer Spekulation. Der grundlegende Text ist das *Brahma-* oder *Vedānta-Sūtra*, das Bādarāyana zugeschrieben wird und zwischen 200 und 450 n. Chr. entstanden ist. Es umfaßt über fünfhundert kurze Strophen, die verschieden gedeutet werden können und daher erklärt werden müssen. Die wichtigsten Kommentare stammen von Shankara, Rāmānuja, Madhva und Bhatrihari. So geht auf Bhatrihari die Vorstellung des Shabdhabrahman zurück, was bedeutet, daß das Wesen des *brahman* Klang oder Wort ist. Da alle Objekte nur Erscheinungsformen ihrer Namen sind, müssen sie letztlich mit *brahman*, der Quelle alles Benennens, identisch sein.

Die Vedānta-Lehre ist nicht auf eine Schule beschränkt, sondern faßt das Denken mehrerer Gruppierungen zusammen. Sie deuten die Natur des *brahman* auf verschiedene Weise, wie auch die *Upanishads* zeigen, die sowohl Lehren eines reinen Monismus *(advaita)* wie eines modifizierten Dualismus *(dvaita)* umfassen. Der traditionelle Vedānta besteht aus der Verbindung der «späteren Auslegung» des Veda *(uttara-mīmāmsā)* mit der «früheren Auslegung» *(purva-mīmāmsā)*. Die wichtigsten Schulen innerhalb des Vedānta sind: Advaita (Nicht-Dualismus), Vishishtādvaita (modifizierter Nicht-Dualismus) und Dvaita (Dualismus). Obwohl jedes System den gleichen Hauptgegenstand hat, weichen sie in bestimmten Themen radikal voneinander ab, etwa in der Beziehung des Selbst zur Letzten Wirklichkeit *(brahman)*.

Die ersten Systeme stammen von Gaudapāda und Shankara, die im 8. Jahrhundert das nicht-dualistische Lehrgebäude des Advaita-Vedānta schufen. Es schließt viele aus dem Mahāyāna-Buddhismus übernommene Elemente ein, vor allem die Lehre des *shunyavāda*, die die Relativität, Unbeständigkeit und damit die Leere jeder Vorstellung betont. Gaudapādas wichtigste Lehre war, es könne keine Schöpfung geben, weil nur *brahman* wirklich sei. Die Welt und ihre Bewohner seien nur ein Schein, erzeugt durch das Spiel *(līlā)* des Göttlichen, nicht realer als ein Traum. Shankara gründete seine Lehre auf die berühmte Stelle «Das bist du» *(tat tvam asi)* der *Chāndogya-Upanishad* (6,10,3). «Du» und «das» sind nicht Subjekt und Objekt, sondern sind unterschiedslos gleich *(a-bheda)*, wie das wirkliche Selbst *(ātman)*. Das Selbst, das ewige Element im Menschen und in allen Lebewesen, ist also mit der Letzten Wirklichkeit *(brahman)* identisch, und es kann daher nur *ein* Selbst geben. Obwohl diese Identität schon immer dagewesen ist, muß sie erst erfahren werden, bevor ein Mensch befreit werden kann. Dann ist er ledig von jeder Bindung an die vergängliche, trügerische Welt und von der Vorstellung, er sei von *brahman* verschieden oder getrennt.

Shankara nennt mehrere Beispiele für den täuschenden Charakter der Welt, darunter das bekannte Bild von dem Seil, das einer Schlange ähnelt. Durch die Unwissenheit des Betrachters überlagert die Illusion der Schlange die Wirklichkeit des Seils. So verdeckt unsere Unwissenheit den Grund der Welt nicht nur, sondern läßt ihn als etwas anderes erscheinen. Dieses Verbergen und dieses Vortäuschen sind die zwei Funktionen der Illusion oder Unwissenheit *(avidyā)*.

Vom empirischen Standpunkt aus scheint *brahman* viele Eigenschaften *(saguna)* zu haben, es scheint der Schöpfer der Welt und ihrer Bewohner zu sein; aber vom transzendenten Standpunkt aus ist nur das eigenschaftslose *brahman* wirklich. Diese Vorstellung einer höheren Wahrheit, die von der Alltags-Wahrheit verschieden ist, rührt aus dem buddhistischen Mādhyamika-System her. Vom empirischen Standpunkt aus kann *brahman* als persönlicher Schöpfer, Īshvara, Vishnu, oder als Saguna-Brahman vorgestellt werden; das transzendente *brahman* – oder das Absolute ohne Attribute oder Eigenschaften – wird Nirguna-Brahman genannt. Die Befreiung besteht in der Verschmelzung des individuellen Selbst mit dem Nirguna-Brahman.

Der Gläubige verehrt zunächst ein Ideal, eine persönliche Gottheit, also eine Verkörperung des *brahman*; er kann so seine Ichbezogenheit überwinden, bis er schließlich die kollektive Einheit aller Lebewesen im *brahman* erfährt. Der Vollzug des Rituals und die persönliche Gottesvorstellung sind nur Vorstufen der Erkenntnis, daß Gott ein Bild des unpersönlichen, unbestimmbaren und attributlosen *brahman* ist. Eine lange Schulung unter der Führung eines erleuchteten Guru ist der Weg zur Befreiung. Wenn der Schüler zum wirklichen Verstehen vorgedrungen ist, wird der Lehrer zu ihm sagen: «Du bist *brahman.*» Der Schüler wird meditieren, bis er die Wahrheit ganz erfährt und so befreit wird. Obwohl das befreite Selbst weiter in der Welt lebt, gehört es ihr nicht mehr zu. Keine Sinneserscheinung, keine Bindung, kein Begehren und kein Gefühl können ihm Weisheit und geistiges Gleichgewicht zerstören; es hat die trügerische Vorstellung aufgegeben, es sei vom *brahman* getrennt. Die einzelnen Erscheinungen in ihrer Vielzahl lassen *brahman* vollkommen unberührt, so wie die zahllosen Wellen die Einheit des Meeres weder beeinflussen noch mindern können.

Einige spätere Vedāntins, wie Rāmānuja im 10. Jahrhundert und dreihundert Jahre danach Madhva, die Shankaras Anschauungen kritisierten, betrachteten *ātman* und *brahman* als relative Vorstellungen, wie das Teil und das Ganze *(vishishtādvaita)*, und daher als nicht identisch. Die Vishishtādvaita-Schule des modifizierten Nicht-Dualismus ist eine wichtige Entwicklung der Vaishnava-Theologie, die eine theistische Auffassung der höchsten Wirklichkeit *(brahman)* vertritt. Für sie ist *brahman* die eine Wirklichkeit, in der die Vielfalt der bewußten Seelen und der unbewußten Gegenstände existiert. Die Materie entfaltet aus *brahman* die vergängliche, die materielle Welt, wie die Spinne das Netz aus dem eigenen Körper. Die einzelnen Seelen sind unendlich klein, ewig, bewußt und aus sich leuchtend, jede dem Karma entsprechend mit einem Körper verbunden. Diese Beschränkung auf einen Körper bedeutet Bindung; die Befreiung ist nur möglich durch die völlige Trennung der Seele vom Körper. Durch Unwissenheit identifiziert sich die Seele mit dem Körper und seinen Wünschen, den sinnlichen Freuden und Wonnen. So bindet sie sich immer enger an das irdische Dasein und durchläuft die lange Folge von Wiedergeburt und Tod. Gott allein ist das einzig würdige Objekt aller Liebe und Verehrung, und die beständige Meditation Gottes befreit den Gläubigen. Der hervorgehobene Unterschied zwischen Gott und der Seele folgt aus Rāmānujas Betonung der liebenden Hingabe und der Abhängigkeit von Vishnu, dem inneren Führer des individuellen Selbst. Die befreite Seele ist Gott ähnlich, aber nicht gleich, denn Begrenztes kann nie unbegrenzt werden, wenn es auch an der göttlichen Wesensnatur Anteil hat. Trotzdem gibt es nichts außer Gott, denn bewußte Seelen und unbewußte Materie sind gleicherweise in ihm. Die Welt mit ihren Lebewesen und Gegenständen ist so wirklich wie Gott. – Bei diesem System handelt es sich um einen modifizierten Monismus, das das Eine und die Realität der vielen Teile anerkennt.

Nach dem Vishishtādvaita-Vedānta verkörpert sich *brahman* in fünf Gestalten. Die erste und höchste ist Parabrahman, Nārāyana-Vishnu. Er thront auf der kosmischen Schlange Shesha und wohnt in dem himmlischen Reich Vaikuntha. Ihn begleiten die Göttinnen Lakshmī, Bhū und Līlā, die Verkörperungen des Reichtums, der Erde und des freien Spiels der Gottheit. Dieser Parabrahman-Gestalt erfreuen sich die befreiten Seelen, die dem *brahman* gleich werden. Die zweite Gestalt umfaßt Nārāyanas drei oder vier Emanationen *(vyūhas)*: Sankarshana, der das Wissen und die erhaltende Kraft besitzt; Pradyumna, der die Kraft zu Herrschaft und Beständigkeit besitzt; Aniruddha, der die schöpferische Kraft *(shakti)* und Stärke besitzt. Eine zusätzliche, vierte Emanation heißt Vāsudeva *(Krishna)*, der alle sechs Eigenschaften besitzt. Die dritte Gestalt umfaßt die zehn wichtigsten Inkarnationen. Die vierte ist dem Herzen innewohnend; sie begleitet die Seele durch die Folge der Wiedergeburten bis zur letzten Befreiung. Die fünfte wohnt während der rituellen Verehrung den Bildern inne.

Einige Seelen erreichen die Befreiung durch die vielschichtigen Methoden des Karma-Yoga und des Jñāna-Yoga, aber den meisten sind solche Wege zu schwierig. Statt dessen üben sie sich in der uneingeschränkten Hingabe und liebenden Verehrung Gottes. Rāmānuja propagierte indessen keine ekstatische Gottesverehrung; vielmehr empfahl er kontinuierliche tiefe Meditation über die Vollkommenheit Gottes.

Um das 14. Jahrhundert hatten sich unter den Anhängern Rāmānujas, die alle für sich beanspruchten, treu seiner Lehre zu folgen, mehrere Spaltungen vollzogen. Sie führten dazu, daß sich zwei Untersekten herausbildeten: im Norden die Vadagalai, begründet von dem Theologen Venkatanātha – mit dem Beinamen Vedānta Deshika –, die sich des Sanskrit bediente, und im Süden die Tengalai, begründet von Pillai Lokāchārya, welche die Volkssprache bevorzugte. Die Tengalai betonen die Bedeutung der göttlichen Gnade für das Erreichen der Befreiung; dagegen glauben die Vadagalai, die Unterwerfung unter den Willen Gottes sei nur einer von mehreren Wegen zur Befreiung. Für die Tengalai ist die Göttin Lakshmī dem Vishnu untergeordnet; die Vadagalai glauben, daß sie ebenso wie Vishnu die Befreiung gewähren kann.

Der Hauptvertreter des dualistischen Dvaita-Vedānta-Systems war Madhva (1199–1278). Nach dem Dvaita-Vedānta ist Gott ewig, in seinem Verhältnis zur Welt zugleich immanent und transzendent. Der vedische Windgott Vāyu ist Mittler zwischen Gott und Mensch, Madhva aber wird als eine Inkarnation Vāyus betrachtet. Auch die Welt und die Seelen sind ewig, untereinander jedoch verschieden. Beide hängen ganz von Gott – Vishnu – ab, der sie regiert und entsprechend ihrem Karma – der göttlichen Prädestinationskraft – ihren jeweiligen Grad der Befreiung oder Verdammnis bestimmt. Die befreiten Seelen beten Gott für immer an, sie werden aber nie vollkommen mit ihm vereinigt; die bösen Seelen sind auf ewig verdammt – eine im Bereich der indischen Philosophie ungewöhnliche Vorstellung.

Einige andere Vedānta-Schulen gründen sich auf unbedeutendere Interpretationsunterschiede. Die meisten hatten keine große Anhängerschaft, ausgenommen allenfalls die des südindischen Vaishnava Nimbārka (11./12. Jh.), der sich in Brindaban niederließ und den Rādhā-Krishna-Kult in seine Lehre aufnahm. Er lehrte, *brahman*, die Seelen und die Welt seien identisch, aber unterschieden; selbst wenn die Seelen befreit und als göttliche Energie mit *brahman* verschmolzen seien, blieben sie von ihm unterschieden. Sein System heißt deshalb auch Bhedābheda-(Unterschiedenheit/Nicht-Unterschiedenheit-)Vedānta oder Dvaitādvaita-(Dualismus/Nicht-Dualismus-)Vedānta; es hat noch heute im Mathurā-Gebiet Anhänger.

Vallabha, der auch unter dem Namen Vallabhāchārya bekannt ist, lehrte im 15. Jahrhundert ein kompromißloses System des reinen Nicht-Dualismus, Vishuddhādvaita-Vedānta. Es ist von Shankaras Nicht-Dualismus durchaus verschieden, da *māyā* nicht als Illusion betrachtet, sondern nach der früheren Bedeutung als Gottes schöpferische Aktivität interpretiert wird. Die Welt ist wirklich, sie ist *brahman*, in diesem System ein anderer Name für *Krishna*. Hier wird *brahman* als Sein, Bewußtsein und Seligkeit dargestellt. Die einzelnen Seelen sind eins mit *brahman* und können für sich allein nicht existieren. Vallabha betonte die Bedeutung der Gottesverehrung und der Freude an der göttlichen Schöpfung. Die Verbindung von Rādhā und Krishna verglich er mit der Seligkeit der gottverbundenen Seele. Eine bedeutende Anhängerin dieser Glaubensgemeinschaft war die bekannte Hymnendichterin Mira Bai (1498–1573).

Die verschiedenen Vedānta-Schulen haben viele Schüler, die nach den Vorschriften ihres erwählten Systems zu leben versuchen; so leiten und trösten die Vedānta-Lehren auch in der Gegenwart Millionen Inder in ihrem Alltag. Im Westen ist von allen vedantischen Systemen, vor allem durch die Bemühungen der Philosophen Vivekānanda und Radhakrishnan, der Advaita-Vedānta am bekanntesten.

Mīmāmsā

Der Name dieses Systems bedeutet «kritische Erörterung» oder «Lösung eines Problems durch Überlegung». Die frühe Mīmāmsā wird auch Pūrva-Mīmāmsā, «frühere Auslegung» (der vedischen Schriften), genannt, um sie von dem vielschichtigeren Vedānta, dem Uttara-Mīmāmsā – der «späteren Auslegung» oder Brahma-Mīmāmsā – zu unterscheiden, die sich auf die Lehren der *Upanishads* konzentrieren. Während des 8. Jahrhunderts entstanden zwei untergeordnete Schulen, die sich auf die verschiedenen Interpretationen von zwei wichtigen Kommentatoren gründeten, Kumārila Bhatta und Prabhākara. Auf unterschiedliche Weise widersprechen die Vorstellungen des Mīmāmsā denen anderer vedantischer Systeme.

Die Mīmāmsā ist ein atheistisches System, das Jaimini zugeschrieben wird; es ist im *Mīmāmsā-Sūtra* zusammengefaßt, das vom Beginn des 1. Jahrhunderts n. Chr. stammt, aber auch viel früheres Material enthält. Sein Hauptanliegen war zunächst nicht eine philosophische Fragestellung, sondern die Interpretation des rituellen Aspekts der frühen vedischen Texte, die das Opfersystem – ohne die Mitwirkung Gottes oder der Götter – als aus sich heraus wirksam ansehen. Sie lehren, daß bei der korrekten Durchführung eines Opferrituals in der Seele eine geheimnisvolle Kraft *(apūrva)* erwächst, die im geeigneten Augenblick die Wirkung dieser Handlung hervorbringt, und zwar selbst noch nach dem Tod des Opfernden. Diese Vorstellung geht zurück auf eine frühere Auffassung des *brahman*, als der dem Opfer innewohnenden Kraft, die den kosmischen Prozeß in Gang hält. Die Mīmāmsā entwickelte auch eine Theorie der im Laut *(shabda)* gebundenen Bedeutung. Sanskrit, die heilige Sprache der Veden, sei eine Emanation des Seins *(sat)* im Laut. Von daher erkläre sich die den heiligen Mantras und den vedischen Hymnen eigene Kraft.

Da die Veden göttlich sind, müssen sie auch frei von Irrtümern sein. Sie sind ewig, bestehen unabhängig und verkörpern ewige Gesetze. Deshalb sollte man nur gute Werke tun, die von den Veden geboten sind, und die vorgeschriebenen Riten sollten ohne Wunsch nach Belohnung oder Verdienst durchgeführt werden. Dieses interesselose Handeln ist überaus wichtig; es ist nur durch Wissen und strenge Selbstdisziplin möglich, die schließlich die Wirkungen des Karma zerstört und nach dem Tode zur Befreiung führt. Eigennützige Handlungen führen dazu, daß das Individuum vor der Befreiung wiederholten Wiedergeburten unterworfen wird. Das ursprüngliche Ideal war ein Zustand himmlischer Seligkeit als Belohnung für richtiges Verhalten und Opfern, nicht so sehr die Befreiung von einer Folge von Lebensläufen – eine Vorstellung, die zur Zeit der *Upanishads* in den Hinduismus eindrang.

Da das Mīmāmsā-System den Veda als ewig und unveränderlich ansah, mußte es die kosmologische Vorstellung nahezu der ganzen hinduistischen Tradition ablehnen: daß Welten periodisch entstehen, für eine Zeit existieren und sich dann wieder auflösen. Nach der Mīmāmsā hat die Welt immer bestanden, sie ist ohne Anfang oder Ende, denn alles in ihr ist aus ewiger Materie gebildet. Es gibt nur einen endlosen Vorgang des Entstehens und des Sterbens; es besteht daher kein Grund, ihn in Vorstellungen der Entwicklung und des Verfalls zu sehen.

Für das Mīmāmsā-System gibt es so viele Seelen wie individuelle Körper, die alle nach dem entsprechenden Karma aus Materie gebildet sind. Der individuelle Geist oder die einzelne Seele ist ewig; wenn sie beim Tod des Körpers zugrunde ginge, wäre das Gebot ungültig, daß die vedischen Riten zum Erreichen des Himmels durchzuführen sind. Das Bewußtsein dagegen gehört nicht wesensmäßig zur Seele; es entsteht nur, wenn sie mit einem Körper verbunden ist. Erst die befreite Seele ist ohne Körper und ohne Bewußtsein.

8. Die Yoga-Lehre

Das Wort *yoga* bedeutet «anschirren» und bezieht sich speziell auf das Zureiten von Pferden, auf ihre Schulung und Lenkung durch das Geschirr. Es wird auf verschiedene Yoga-Methoden angewendet, die ebenfalls «anschirren», nämlich die körperlichen und seelischen Kräfte disziplinieren und vervollkommnen sollen – bis zum intuitiven Wissen von der Einheit hinter der scheinbaren Vielfalt der Welt. Der Ausdruck kann auf alle asketischen oder meditativen Wege angewendet werden, seien sie nun mystisch, kontemplativ, erotisch oder magisch. Die vier Hauptdisziplinen des Yoga können immer praktiziert werden, ohne Rücksicht darauf, ob der Yogi einer monistischen oder dualistischen, einer theistischen oder atheistischen Metaphysik folgt. Ergänzende Methoden sind Hatha-, Mantra-, Laya-, Kundalinī- und tantrischer Yoga.

Einige Formen des Yoga sind sehr alt und enthalten sowohl einheimische, vor-arische wie arische Elemente. Techniken des Yoga haben sich weit über den Subkontinent hinaus verbreitet. So hat der Yoga des späten tibetischen Buddhismus den nordasiatischen und sibirischen Schamanismus beeinflußt, vor allem während des Aufstiegs des Tantrismus im 6. und 7. Jahrhundert. Aus dem Yoga abgeleitete Vorstellungen erreichten auch die Mongolei, China und Japan. Im engeren Sinne bezieht sich Yoga jedoch auf die spezifischen Lehren dieses philosophischen Systems.

Im Veda wird in einem an den «Langhaarigen» gerichteten Hymnus indirekt auf den Yoga Bezug genommen, ebenso in den *Upanishads* und anderen Werken. Die *Bhagavadgītā* erwähnt ihn unter seinem eigenen Namen. Um die Zeit der *Bhagavadgītā*-Entstehung entwickelten sich die Lehren des Veda, der *Dharma-Shāstras* und die Anschauungen des Yoga auseinander. Die *Dharma-Shāstras* lehren, die Unsterblichkeit könne nur durch die Erfüllung der Kastenpflichten erlangt werden, verbunden mit persönlicher Frömmigkeit und der Durchführung der religiösen Riten. Dagegen fordert der Yoga, der Gläubige müsse Familie, Heim, Freunde, also die Welt aufgeben, nicht um in einem himmlischen Reich Unsterblichkeit zu erlangen, sondern um durch Wiederaufnahme in das *brahman* dauernde Befreiung aus dem Bereich des Daseins zu gewinnen. Solche widersprüchlichen Auffassungen mußten zu Spannungen führen. In einigen Texten versuchten die Autoren sie durch die Lehre auszugleichen, daß Frömmigkeit und rituelle Verehrung für die große Mehrheit geeignet seien, die im Yoga geforderte Entsagung dagegen nur für die wenigen, die so zur Befreiung kommen könnten. Die Spannung aber blieb bestehen; sie zeigt sich auch noch im Indien von heute: Obwohl Yoga in allen spirituellen Bewegungen Indiens eine Rolle spielt und Yogis Ansehen genießen, werden sie nie im Heim eines orthodoxen Hindus aufgenommen.

Ein Guru und seine Schüler werden *sannyāsins*, «Entsagende», genannt, weil sie gelobt haben, sich aus dem weltlichen Leben zurückzuziehen. Da sie im Verhältnis zu der gewaltigen Bevölkerung Indiens nur eine winzige Anzahl bilden, kann die Hindugesellschaft ihnen Nahrung und Obdach bieten, stets aber außerhalb von Dorf oder Stadt, denn sie gelten als rituell unrein, weil sie die Kastenvorschriften nicht einhalten. Überdies wird der *sannyāsin* von seinem Weltverzicht an als ein wandelnder Toter betrachtet. Seine Frau hat den Status einer Witwe, und seine Angehörigen Anspruch auf sein Eigentum. Seine einzigen Besitztümer sind ein einfaches Stück orangefarbener Stoff, das als Lendentuch getragen wird, ein Stab und eine Bettelschale. Er darf nur einmal täglich betteln; deshalb leiden viele *sannyāsins* an schwerer Unterernährung und damit verbundenen Krankheiten. Viele Yogis haben Riten- oder Sektenzeichen aus Asche oder farbiger Erde auf dem Körper. Ihr Bart, Schnurrbart und Haar dürfen nie geschnitten werden.

Mancher Guru zieht sein ganzes Leben von Ort zu Ort, gefolgt von seinen Schülern, die durch seine Lehren oder sein heiligmäßiges Leben angezogen wurden. Andere Lehrer haben Schülergruppen um sich und leben in *āshramas*. Im echten *āshrama* sind die Kastenvorschriften ungültig. Jeder kann sich dem *āshrama* anschließen und es wieder verlassen, wann er will. Der Schüler muß aber selbst für Nahrung und für seine Unterbringung sorgen. Nach der Initiation werden die Schüler als die spirituellen Söhne des Guru betrachtet und erfüllen für ihn bestimmte Aufgaben. Dabei werden Geldgeschäfte vermieden, denn alles Lebensnotwendige sollte aus freiwilligen Gaben stammen.

Trotz der ständig wachsenden Zahl sogenannter Yoga-Lehrer im Westen und des modischen Yoga-Interesses beschäftigen sich nur wenige mit der Theorie des Yoga; ohne sie aber hat er wenig Wert, außer vielleicht den Geist zu beruhigen oder den Körper zu entspannen. Keine Methode ist gleich, und Ergebnisse sind nirgends schnell zu erreichen, wenn sie überhaupt je erreicht werden. Jede gelebte Minute sollte dem Ziel gewidmet sein, und trotzdem kann es sich immer wieder entfernen, denn es gibt zahllose Ablenkungen und Hindernisse auf dem Weg zur völligen Vereinigung mit Gott. Dazu gehören: Bindung an den Vollzug religiöser Riten, an Ruhmsucht oder an Gelehrsamkeit; Stehlen und Lügen; Bewirken von Schaden, Furcht oder Schmerz bei Mensch oder Tier; üppiges Leben, Vergnügungen; sexueller Genuß; luxuriöse Kleidung; Musik und Literatur; Anhäufen von Geld und Gut. Zu den wichtigsten religiösen Hindernissen zählen: Hingabe an ekstatische mystische Zustände; Unternehmen von Wallfahrten; Durchführen strenger Kasteiungen; Ausbreiten des eigenen Wissens; Bemühen um die Gesellschaft heiliger Männer; Streben nach übernatürlichen körperlichen Fähigkeiten *(siddhis)* und ihre falsche Einschätzung als vollkommene Erfahrung.

Der Geist wird leicht abgelenkt, weil er seine Aktivität ständig vervielfältigt und so immer mehr Energien verschwendet, bis das Individuum sein Ziel *(brahman)* aus dem Auge verliert. Jede Handlung hat die entsprechende geistige Durchdringung oder Prägung *(vāsanā)*, welche die Einwirkung der bei der Handlung beteiligten Kräfte in ihrer kosmischen Bedeutung ermöglicht. Diese Einwirkungen sammeln sich an seit dem Anfang des Lebenszyklus eines jeden Individuums, und sie nehmen zu, je mehr geistige und körperliche Handlungen durchgeführt werden. So ist das Individuum geprägt durch das angehäufte Karma seiner vergangenen Lebenszyklen, das seine künftigen Taten und Neigungen in jedem Leben beeinflussen wird. Wenn der Yogi aber näher an sein Ziel kommt, lösen sich die *vāsanās* auf.

Verschiedene Begierden bilden Hindernisse auf dem Weg zur Befreiung. Vielleicht die größte ist der Wunsch weiterzuleben. Der Wille zum Leben ist so intensiv, daß er den individuellen Geist durch den Tod zu einer neuen Inkarnation in einem neuen Körper trägt. Selbst die Götter wollen ewig sein, aber auch sie werden vergehen, so wie Planeten, Nationen, Welten und Weltgebäude. Alles, was in der Zeit geboren wird, muß auch in der Zeit sterben. Selbst der Wunsch nach Befreiung ist ein Hindernis, denn der Yogi muß einen Zustand der Wunschlosigkeit erreichen, bevor er zur Erlösung gelangt. Er muß also alle Wünsche aufgeben, auch den Wunsch, zur Wunschlosigkeit vorzudringen. So heißt es im *Yoga-Sūtra*: «Wenn jemand einen Bewußtseinsstand erreicht, der ganz vom Wunsch nach Ergebnissen befreit ist, dann wird die wahre Natur aller Dinge offenbar.»

Die Ablösung der Sinne von äußeren Reizen fördert bestimmte «Vollkommenheiten» oder übernatürliche Kräfte *(siddhis)*, die durch Yoga nicht entstehen – denn sie sind latent in allen Menschen vorhanden –, aber nur durch bestimmte Yoga-Methoden zur Verwirklichung kommen. Zu diesen «Vollkommenheiten» gehören die Levitation und die Fähigkeit, sich unsichtbar, klein oder groß zu machen. Sie sind anscheinend rein subjektiv und dürfen nicht als objektive Realitäten betrachtet werden. Der Yogi darf sich keinesfalls an sie klammern, sondern muß auf seinem Weg der Selbstvervollkommnung weitergehen und so von der Folge der Wiedergeburten frei werden. Schon zu Beginn der Yoga-Schulung befreit die Übung des Nichtverletzens *(ahimsā)* und der Güte gegen alle Geschöpfe von allen Gefühlen der Furcht und der Feindseligkeit in der Gegenwart des Yogi (*Yoga-Sūtra* 2,35 f.)

Wenn der Yogi die Befreiung erreicht hat, wird er nicht mehr von Sinnesreizen beeinflußt, die Begierden, Erinnerungen oder Gefühle wecken. Von nun an lebt er unberührt von Freude oder Schmerz, Erfolg oder Scheitern, Krankheit und anderem Unglück.

Die erste systematische Darstellung des sogenannten klassischen Yoga wird Patañjali zugeschrieben, über dessen Lebensumstände wenig bekannt ist. Seine *Yoga-Sūtras* bestehen aus knappen Aphorismen und widmen sich mehr dem metaphysischen und lehrmäßigen Aspekt des Yoga, als daß sie praktische Übungen für den Weg zur Befreiung beschreiben. Er übernahm in sein System mehrere metaphysische Vorstellungen der Sāmkhya-Philosophie, darunter die fünfundzwanzig Prinzipien *(tattvas)*, und führte ein weiteres ein: Gott oder Īshvara «der Herr», als ein Objekt der Verehrung. Īshvara, die Verkörperung der Vollkommenheit, dient als Vorbild und Hilfe bei der Meditation für diejenigen, deren Natur ein solches Ideal erfordert. Letztlich jedoch weiß der befreite Geist nichts von Gott, der weder tätig noch schöpferisch, daher am Gang der Welt nie beteiligt ist. Manchmal wird Gott gleichgesetzt oder ausgetauscht mit der heiligen Silbe Om.

Patañjalis Werk wurde durch mehrere Kommentatoren erweitert, deren Schriften später zusammengestellt wurden. Philologen, welche die Sanskrittexte untersuchten, haben erschlossen, daß er kurz vor Beginn der christlichen Zeitrechnung lebte, sein bedeutendster Kommentator, Vyāsa, kurz danach. Andere wichtige Kommentatoren waren Vachaspati Mishra (etwa 8. Jh.), Bhoja (9. Jh.), Vijñāna Bhikshu (16. Jh.) und Rāmānanda Sarasvatī (17. Jh.). Keiner dieser Lehrer bezieht sich auf tantrische Yoga-Vorstellungen, wie *kundalinī*, sondern alle zielen ab auf die Erreichung des *samādhi*, den Rückzug in das innere Wesen des Menschen. Von dem Schüler, der stirbt, heißt es, er sei im *samādhi*. Um den transzendenten Charakter dieses Zustands hervorzuheben, werden die Yogis nach dem Tod nicht verbrannt, sondern begraben. So kann nicht ausgemacht werden, ob sie sich in einem ausgedehnten *samādhi* befinden, oder ob sie tot sind. Die Begräbnisstätten berühmter Yogis werden oft zu Wallfahrtsorten.

Die vielen verschiedenen Yoga-Methoden dürfen nicht als Entwicklungsstufen betrachtet werden, denn die eine, wesentliche, unveränderliche Wahrheit besteht ja für immer. Sie alle sind Versuche von verschiedenen Standpunkten, die Ganzheit der göttlichen Wirklichkeit zu erfahren.

9. Yoga-Systeme

Hatha-Yoga

Dieses System zielt ab auf die Wiedervereinigung durch Stärke: Es ist eine Methode physischer Schulung, durch die der Körper und die Lebensenergie auf den Höhepunkt der Gesundheit und Leistungsfähigkeit gebracht werden – die wesentliche Voraussetzung für die Yoga-Praxis überhaupt, denn das Ziel kann ohne körperliche und seelische Gesundheit nicht erreicht werden.

Patañjali zählt in seinen *Yoga-Sūtras* acht Stufen des Hatha-Yoga auf: Enthaltsamkeit, Einhaltung von Vorschriften, Körperhaltung, Atemkontrolle, Rückzug des Geistes von äußeren Reizen, Konzentration, Kontemplation und Identifikation oder Vereinigung mit Gott. Das Erreichen dieser Stufen wird erleichtert durch besondere *mudrās* und die *bandhas*, sehr schwierige Muskelkontraktionen, und die sechs inneren Reinigungen.

Körperhaltungen *(āsanas)* sind wichtig, weil geistige Sammlung nur erlangt werden kann, wenn der Körper mindestens drei Stunden ohne Ermüdung oder Verkrampfung in einer entspannten Stellung zu verharren vermag. Die verschiedenen Haltungen haben besondere Wirkungen und können nur von einem qualifizierten Guru, nie aus Büchern gelernt werden. Aber welche Haltung auch eingenommen wird, Wirbelsäule, Hals und Kopf sollten aufrecht sein, die Augen geschlossen, auf die Nasenspitze oder einen Punkt zwischen den

Augenbrauen konzentriert. Die Stellung mit gekreuzten Beinen ist nicht unbedingt notwendig, aber sie ist bei allen Yogis üblich, weil sie in Indien die gewöhnliche Sitzhaltung ist. Die Positionen der 48 wichtigsten Stellungen werden in Yoga-Büchern beschrieben. Trotz der Schwierigkeiten bei der Kontrolle der Lebensenergie soll der Yogi immer freundlich, bescheiden und gleichmütig sein; er darf auch nie zu Rauschmitteln oder Drogen greifen.

Die Atemkontrolle *(prānāyāma)* ist ein wichtiger Teil der Yoga-Methode, weil der Atem das Leben in konkretester Gestalt, nämlich als Lebensenergie, verkörpert. Der Atem wird fortschreitend und rhythmisch verlangsamt, um die Atmung zu verringern, bis der Yogi deutlich veränderte Bewußtseinszustände erfährt, die sonst im Wachen unzugänglich sind. Vollständige physiologische und psychische Kontrolle führt zum vollkommensten Zustand der Yoga-Meditation *(samādhi)*, der Befreiung bedeutet. Die kontrollierte Verlangsamung des Atems führt zu einer Verringerung körperlicher Ausscheidungen und anderer Funktionen, erhöht aber deutlich die Transpiration; daher ist Askese *(tapas)* immer mit Hitze verbunden.

Nachdem der Yogi alle körperlichen und seelischen Hindernisse überwunden hat, beginnt er seine innere Reise zur Vereinigung mit Gott, die tiefe Konzentration und Meditation einschließt. Es gibt drei Arten der Meditation. Die erste ist materiell: die Sammlung des Geistes auf das Bild einer Gottheit oder auf den persönlichen Guru. Da es für den Geist anfänglich schwer ist, das sinnlich Faßbare zu überschreiten, konzentriert er sich zunächst auf eine materielle Gestalt, bis er zu abstrakten Formen der Meditation fortschreiten kann. Die zweite ist die luminose Meditation, die sich auf die Erfahrung der Wirklichkeit als Emanation (Ausstrahlung) des Göttlichen sammelt. Die dritte ist die subtile Meditation, bei der sich der Geist auf den Grenzpunkt konzentriert, wo das Gestaltlose Gestalt annimmt. Auf dieser Stufe löst sich die Dualität auf, Meditierender und meditiertes Objekt verschmelzen. Dann gehen die Bestandteile des Geistes auf in dem nicht-dualen Prinzip, dem ewigen *brahman*.

Karma-Yoga

Der Karma-Yoga ist ein Weg der Vereinigung mit Gott durch rechtes Handeln, gute Werke und rechtes Leben. Er gilt als die leichteste Schulung und wird von den meisten Hindus geübt. Jede Handlung sollte selbstlos ausgeführt werden, ohne Haften an den Ergebnissen und in Übereinstimmung mit dem *dharma*. Alle äußeren moralischen oder rituellen Übungen gründen auf rechtem Handeln, obwohl vom transzendenten Gesichtspunkt das Handeln selbst wertfrei ist und eine positive, negative oder indifferente Wirkung nur hat, insofern es zum höchsten Ziel führt oder von ihm ablenkt.

Die *Bhagavadgītā* erklärt die Bedeutung des Karma-Yoga mit der Geschichte von Krishna und Arjuna. Arjuna gehörte der zum Kampf verpflichteten Kriegerkaste an, doch der Mut verließ ihn, als er gegen seine Verwandten und Freunde kämpfen mußte. Da belehrte ihn Krishna, rechtes Handeln müsse ohne Rücksicht auf die unmittelbaren oder späteren Folgen vollzogen werden: «Du sollst von den Bindungen an die Taten und an ihre guten oder bösen Folgen befreit werden; und als Erlöster sollst du zu mir kommen.» (*Bhagavadgītā* 18,56)

Jñāna-Yoga

Der Jñāna-Yoga erstrebt die Vereinigung durch intensives Studium, Kenntnis und Meditation der heiligen Schriften. Das so erlangte methaphysische Wissen *(jñāna)* ist das Wissen um die Letzte Wirklichkeit, das den Yogi seine wahre Mitte finden und in Übereinstimmung mit ihr leben läßt.

Gerade dieses Wissen aber wird zu einem Mittel, zu der intuitiven Erfahrung *jenseits* alles Wissens zu gelangen, zu der Erkenntnis, daß Bewußtsein und Sein identisch sind und daß die scheinbare Verschiedenheit von Wissendem und Gewußtem nur auf Täuschung beruht.

Zu den sieben Stufen des Jñāna-Yoga gehören: Unterscheiden zwischen dem Dauernden und dem Vergänglichen; Nachdenken über die Lehre des Guru; regelmäßige Meditation; Eintritt in das Gestaltlose, in dem seligen Wissen, das alles *brahman* ist.

Bhakti-Yoga

Der Bhakti-Yoga ist ein System der Vereinigung durch äußerste Hingabe *(bhakti)* an eine erwählte Gottheit oder an Īshvara. Dieser ist kein Schöpfer, denn die Welt und ihre Bewohner stammen aus der gleichen Urmaterie *(prakriti)*; aber für viele kann er zum Vorbild und Helfer für die Befreiung werden, denn er ist die eigentliche Gottheit der Yogis. Īshvara kann durch Riten, durch Hingabe oder Glauben an seine «Gnade» jedoch nicht angerufen werden, denn er ist frei von Wünschen und Gefühlen. Trotzdem wird sein Wesen gleichsam instinktiv zu dem Gläubigen hingezogen, der durch Yoga Befreiung sucht.

Der Bhakti-Yoga ist der Weg für den Menschen, der nur schwer den abstrakten, unpersönlichen Charakter dessen begreift, was jenseits der irdischen Erfahrung liegt. Er spielt eine große Rolle in der Literatur der Vaishnava-Pāñcharātras.

Was man liebt, dem dient man mit Freuden; und je größer die Liebe, desto vollständiger die Hingabe bis zur endgültigen Verschmelzung. Paradoxerweise aber wird bei der mystischen Vereinigung des Selbst mit Gott zugleich die Gottheit intuitiv als das Selbst erfahren. So heißt es in der *Bhagavadgītā* (6,29), daß der Yogi durch die unbeirrte Hingabe an Gott «in allen Dingen das gemeinsame Wesen wahrnimmt, ... das Selbst in allen Dingen und alle Dinge im Selbst».

Es gibt einen Unterschied zwischen der Hingabe in den gewöhnlichen Bhakti-Kultgemeinschaften und der im Bhakti-Yoga: Der Bhakti-Kult führt den Gläubigen nach vielen Existenzen in eine himmlische Welt, der Bhakti-Yoga bewirkt die endgültige Befreiung von der Wiedergeburt.

Mantra-Yoga

Der Mantra-Yoga ist eine Methode, die nach dem Zeugnis der alten Weisen auf der dem Klang innewohnenden Kraft aufgebaut ist. Sie zielt darauf ab, durch rhythmische Wiederholung *(japa)* der göttlichen Namen oder durch veschieden wirkende Mantras den gewöhnlichen Bewußtseinszustand zu verändern.

Das höchste Mantra und Meditationsobjekt ist Om (Aum), das aus drei Elementen besteht: den zwei Vokalen *a* und *u*, die nach der Sanskritphonetik verbunden zu *o* werden, und dem resonanten Nasallaut, der durch *m* wiedergegeben wird. Om verkörpert die Vielfalt des Daseienden und die ihr zugrundeliegende Einheit. Es ist die Lautgestalt der Letzten Wirklichkeit *(brahman)* und durchdringt alles, «wie der beständige Widerhall einer Glocke, die in der Ferne tönt ..., wer ihn kennt, kennt den Veda» (*Dhyānabindu-Upanishad* 1,18). Durch die beständige Wiederholung von Om kann seine Bedeutung intuitiv erfaßt und Befreiung erlangt werden. Daher wird Om nie im gewöhnlichen Gespräch gebraucht. Ein anderes wichtiges Mantra ist die *Gāyatrī*, die die ewige Weisheit der Veden in sich schließen soll (s. Seite 22). Jeder «Zweimal-Geborene» *(dvija)* wiederholt es bei seiner Morgen- und Abendandacht. Übersetzt heißt es: «Wir meditieren über das vortreffliche Licht der göttlichen Sonne; möge es unseren Geist erleuchten.»

Nach den *Gesetzen des Manu* (2,85 f.) ist die Mantra-Wiederholung zehnmal wirksamer als jedes andere Ritual. Sie kann auf verschiedene Weise durchgeführt werden. Der Erfolg ist dann sicher, wenn das Mantra ausgesprochen wird, während der Gläubige einen heiligen Baum, Garten, Tempel oder einen anderen heiligen Ort umschreitet und sich dabei immer auf das höchste Wesen konzentriert.

Der Mantra-Yoga hat sechzehn Stufen und vollendet sich in der Erfahrung der Bedeutung des Mantra. Darauf löst sich der Geist des Yogi in der Gottheit auf, die durch das Mantra verkörpert wird.

Laya-Yoga

Der Laya-Yoga führt zur Vereinigung mit Gott durch Verschmelzung mit dem allumfassenden Wesen. Diese Methode ist auf der Vorstellung aufgebaut, daß das individuelle Wesen und das allumfassende Wesen im innersten eins sind. Alles, was im Universum existiert, muß auch in jedem Wesen existieren. Um diese Einheit zu erfahren, muß die kosmische Energie geweckt werden.

Der Laya-Yoga besteht aus einer Anzahl Stufen und hat seinen Höhepunkt im Hören eines inneren Tons, der alle anderen Töne auslöscht. Zunächst werden zahlreiche Töne gehört, bis solche auftauchen, die dem Klang von Glocken, Flöten, Lauten oder dem Summen von Bienen ähneln. Der Geist sollte bei dem Ton stehenbleiben, der ihn zuerst angesprochen hat. Bei der Meditation über diesen Ton allein verschmilzt der Geist des Yogi mit dem Klang, wie sich Salz in Wasser auflöst.

Kundalinī-Yoga

Der Kundalinī-Yoga ist eine Methode der Vereinigung durch das Erwecken von kosmischer Energie. Kundalinī ist gleichbedeutend mit Shakti, der göttlichen kosmischen Energie, die in jedem lebenden Wesen existiert und den Weltprozeß in Gang hält. Diese Kraft ist unbegrenzt, bleibt in den meisten Menschen aber unbemerkt. Nur ein befähigter Guru kann einen erfahrenen Schüler, der schon im Hatha-Yoga geübt sein muß, auf dem Weg bis zur Erweckung seiner inneren Kraft führen. Sie kann dann alle Hindernisse des spirituellen Fortschreitens wegräumen, und die Befreiung wird erreicht. Zu dieser Methode gehört auch die Übung der Atemkontrolle und der Resorption des Sperma, die auch im klassischen Yoga und im Tantrismus eingesetzt werden.

Kundalinī wird mit einem Feuer verglichen, oder mit einer weiblichen Schlange im Halbschlaf, zusammengerollt, den Schwanz im Maul; daher heißt Kundalinī auch «die, die um sich selbst gerollt ist». Wenn sie erweckt ist, läßt sie nach einer Zeit der Auflösung das Weltall neu erstehen. Manchmal wird eine Schlange dargestellt, die Shiva umschlingt. Sie verkörpert die Auflösung der Welt. In den meisten Menschen gibt Kundalinī gerade genügend Energie ab, um sie am Leben zu erhalten. Wenn sie aber durch einen Meister erweckt ist, steigt sie durch die Energiezentren *(chakras)* entlang der Wirbelsäule, von der Basis des Rumpfes bis zum Scheitelpunkt des Schädels, Brahmās Spalte (Brahmarandhra) genannt, durch die der gelöste Geist in die völlige Befreiung entweicht. Diese sieben Zentren des verborgenen Körpers sind methaphysisches Bild des äußeren Leibes. Sie bezeichnen die Kreuzungspunkte besonderer Lebenskräfte, deren Aktivität die Kräfte des äußeren Leibes in Gang setzt, die aber ihrem Wesen nach von ihnen verschieden sind. So bleiben sie nach dem Tode bestehen und beleben den Fötus bei der Wiedergeburt in einem anderen Körper entsprechend den Gesetzen der Seelenwanderung. Einige Buchstaben des Sanskritalphabets werden mit *chakras* veranschaulicht und verkörpern schöpferische kosmische Energie in Gestalt des offenbarten Wortes oder besonders seines Klanges.

Die aufwärts gerichtete Bewegung der Kundalinī bewirkt im Körper des Yogi starke Hitze *(tapas)*. Wenn sie den Scheitelpunkt des Schädels erreicht, werden die unteren Gliedmaßen kalt. Die archaische magische Praxis, «innere Hitze» zu erzeugen, erreicht ihren Höhepunkt in der «Beherrschung des Feuers» des Schamanen, wenn auch das «Feuer» der Kundalinī auf einer anderen Ebene liegt. Durch die Erweckung und die Kontrolle der freigesetzten Kräfte wird der Yogi gereinigt und gewinnt innere und äußere Energien, die zur Befreiung führen.

Tantrischer Yoga

Der tantrische Yoga ist ein ritueller Yoga, bei dem die Natur eingesetzt wird, um die Natur zu überwinden, und der Körper genutzt wird, um den Körper zu schulen. Der Yogi bemüht sich, die weltlichen Zerstreuungen, die zwischen ihm und dem Absoluten stehen, zu überwinden und zu beherrschen, indem er sie einsetzt, um den Wunsch nach ständig neuen Erfahrungen zu zerstören. Selbst die Durchführung religiöser Riten kann zum Hindernis werden, wenn zu großes Gewicht auf sie gelegt wird. So versenkte sich Rāmakrishna, ein glühender Verehrer der Göttin Kālī, so leidenschaftlich in seine inbrünstige Anbetung der Göttin, daß er sein letztes Ziel aus den Augen verlor: die Befreiung von jeder Art Bindung. Als er seinen Irrtum wahrnahm, zerstörte er ihr Bild. Später glaubte er, Kālī selbst habe ihm die nötige Willenskraft und Stärke gegeben, dieses scheinbare Sakrileg zu begehen. Damit überwand er durch eine «böse» Tat das «Böse» der Ablenkung von seinem Ziel. Entsprechend sollen einige der erotischen Übungen des Tantrismus den Eingeweihten befähigen, durch die starke Kraft der Sexualität auch die letzte Spur einer Begierde in sich zu überwinden. Um wirksam zu werden, müssen diese Übungen aber alle in einem streng rituellen Zusammenhang ausgeführt werden.

Im Westen, und in geringerem Maße auch in Indien, werden solche Methoden häufig als Weg zu sexueller Enthemmung mißverstanden. Aber Sinnlichkeit und Selbstsucht zerstören jede Hoffnung auf Befreiung. Das tantrische Ziel kann mit einer Art «ewigem Orgasmus» verglichen werden, einem Zustand der Nicht-Dualität, ohne das Bewußtsein vom Gegenüber – ein seliger Zustand *(ānanda)*, in dem die Letzte Einheit erfahren wird.

Rāja-Yoga

Der Rāja-Yoga, der königliche Weg zur Vereinigung mit Gott, heißt auch der Yoga des Königs der Könige (Rājadhirāja-Yoga). Dies bezieht sich auf einen Beinamen Shivas und deutet auf einen Einfluß des Shivaismus im klassischen Yoga. Shiva ist der «große Yogi» und daher die beherrschende Gottheit der Yogis. Er ist auch der Herr des Schlafes und verkörpert die endgültige Auflösung der Individualität und das Ende der Gestaltwerdung des Selbst.

Nach hinduistischer Überlieferung ist der Rāja-Yoga die höchste Form des Yoga, der alle echten Yoga-Wege untergeordnet sind. Viele ergänzende Yoga-Methoden sind nur Namen der verschiedenen Stufen des königlichen Yoga oder gar nur Untergliederungen einer Stufe, wie der «Yoga der Zauberformeln» (Mantra-Yoga).

Im Rāja-Yoga ist es die Aufgabe des Intellekts, den Körper unter Kontrolle zu halten und die innere Erregung zu dämpfen. Nach einiger Zeit schaut der Eingeweihte überrationale Visionen. In ihnen erfährt er die fundamentale Einheit alles Seienden; alle Dinge erscheinen ihrer Natur nach als Aspekte dieser Einheit.

Rāja-Yoga umfaßt acht, manchmal auch fünfzehn Hauptstufen bis zur Erlangung übernatürlicher Kräfte *(siddhis)*. Diese können selbst zu Hindernissen auf dem Weg zur Befreiung werden, wenn der Yogi sich von seinen Erfahrungen beeindrucken läßt. Zu diesen Stufen gehören: die Kontrolle der Sinne durch das Wissen, daß «alles *brahman* ist»; Meditation über die grundlegende Einheit aller Dinge; Nichtbeachtung der Unterschiede; Erfahrung der Vergänglichkeit der Welt; *samādhi* als Höhepunkt, die Identifikation mit dem Göttlichen, ein nicht-dualer Zustand, in dem selbst die Vorstellung der Kontemplation verschwindet.

10. Der Vishnu-Kult

Vishnu-Bild und Vishnu-Verehrung

Die drei wichtigsten Kultformen des traditionellen Hinduismus sind Vishnu-Kult, Shiva-Kult und Shakti-Kult. Sie sind nicht Konkurrenten, denn ihr Ziel ist letztlich gleich: die Vereinigung aller Wesen mit dem einen höchsten Wesen. Nur ihre Methoden zur Erlangung dieses Ziels sind verschieden.

In einem so großen Land wie Indien, in dem der Hinduismus seit mehr als viertausend Jahren lebendig ist, muß es natürlich Unterschiede in Lehre und Auslegung geben. Von der Vielzahl großer Kultformen und Kultgemeinschaften sowie ihrer kleineren Ableitungen stehen einige in Blüte, andere sind im Niedergang begriffen oder sind nahezu erloschen. Alle aber beanspruchen, auf die Lehre der Veden, besonders der *Upanishads*, zurückzugeben und verschiedene Auffassungen der immer gleichen Wahrheit zu verkörpern. Durch diese großzügige Anschauung können neue Kultformen leicht mit älteren verschmolzen werden. In der Deutung Shankarāchāryas sind die Gottheiten der verschiedenen Religionen nur Symbole, durch die der begrenzte menschliche Geist das Unendliche, oder zumindest einige Aspekte der unaussprechlichen einen Wirklichkeit erfassen kann.

Der Weg der Gottesliebe *(bhakti-mārga)* ist die Grundlage der Kultformen des Vishnuismus. Durch ihn erhält die Vorstellung der *Upanishads* vom unpersönlichen *brahman* oder dem Absoluten eine ganz andere Bedeutung. Aus seiner Sicht erscheint *brahman* als persönlicher Gott oder göttlicher Herr *(Īshvara)* – eine anziehende Vorstellung für ein Volk, das sich nach einem tröstenden, menschenähnlichen Gott, einem Helfer sehnt.

Uneingeschränkte Sammlung und Liebe, die ganz auf Gott bezogen sind, sollen das Herz vollkommen reinigen. Alle Gedanken, Worte und Taten müssen selbstlos sein, ohne Rücksicht auf Erfolg oder Mißlingen. Dann kann das ganze Sein in Gott wurzeln, in dem alle Wünsche erfüllt sind.

Gott kann nur intuitiv durch uneingeschränkte Liebe erfahren werden. Die *Bhagavadgītā* läßt daher Krishna sprechen: «Richte deinen Geist auf mich allein, sammle dich in mir; dann wirst du … in mir allein wohnen.» Demnach wird der Mensch nur durch Gottes Gnade erleuchtet und befreit. Diese Vorstellung widerspricht der älteren Anschauung vom unerbittlichen Gesetz des Karma, die in der hinduistischen Tradition eine wichtige Rolle spielt. Trotzdem wird die Gnadenlehre auch in der *Shvetāshvatara-Upanishad* (6,23) betont; aber sie wird vor den Epen und den späteren theologischen Werken nicht weiterentwickelt.

Die Gottesliebe ist Selbstzweck; ihre sichtbaren Zeichen sind Freundlichkeit, Güte und Achtsamkeit gegenüber der ganzen Schöpfung. Sowohl die Yoga-Übung wie das wahre Wissen sind für den Weg der Gottesliebe notwendig, denn die Übung sammelt den Geist in der Meditation, und das Wissen reinigt ihn. Die Vorstellung von der Gnade Gottes gegenüber den Menschen wurde weiterentwickelt durch die Lehre von Gottes Inkarnationen *(avatāras)* und Emanationen *(vyūhas)* – Erscheinungen auf Erden, die dem Menschen und anderen Geschöpfen helfen.

Um das 17. Jahrhundert hatte die religiöse Bewegung der Gottesliebe *(bhakti)*, die vor allem auf Vishnu gerichtet war, ihren Höhepunkt erreicht. Aber auch im Shivaismus entstand ein Kult persönlicher Hingabe, der vor allem in Bengalen lebendig war; in ihm wurde Shakti verehrt, Shivas Gattin und die Verkörperung seiner kosmischen Energie. Auch die Religion der Sikhs ist geprägt durch persönliche Hingabe, jedoch abgetrennt von den hinduistischen Frömmigkeitsbewegungen, da sich die Sikhs nicht mehr als Hindus betrachten.

Viele der Kultformen, die Ausdruck persönlicher Hingabe sind, sind charakterisiert durch rhythmisches Singen und Tanzen, in denen der Fromme die ekstatische Vereinigung mit dem Göttlichen erfahren kann. Der Weg der Gottesliebe ist universal und steht allen Menschen offen, ohne Rücksicht auf Kaste, Geschlecht oder Charakter, da niemandem das Recht, Gott zu lieben, abgesprochen werden kann. Rāmānanda formulierte im 13. Jahrhundert: «Niemand soll nach der Kaste oder Sekte eines Menschen fragen. Wer Gott anbetet, gehört Gott.»

Im *Rigveda* erscheint Vishnu als ein Aspekt der Sonne. Berühmt sind seine drei großen Schritte von der Erde, in die Atmosphäre und in die Himmel – eine kosmische Tat, Ausdruck seiner Macht und seiner Fähigkeit, alles zu durchdringen und alle Bereiche zu durchschreiten, seien sie dem Menschen bekannt oder unbekannt. Er ist der Herr der nicht endenden Tatkraft und der Herr des Lebens. Seine Güte erstreckt sich über alle Menschen und alle Geschöpfe.

Die Wurzel des Namens Vishnu ist unbekannt. Es ist möglich, daß Vishnu ursprünglich eine wichtige nicht-arische Gottheit war, die in den vedischen Götterhimmel aufgenommen wurde.

Wie in der Vorstellung von Shiva sind im Bilde Vishnus viele Lokalgottheiten eingeschmolzen. Zu ihnen gehören: eine Gottheit der Frühzeit mit den Eigenschaften der Sonne; ein volkstümlicher vergöttlichter Held, Vāsudeva oder Bhāgavat, der in Westindien verehrt wurde; das philosophische Absolute der *Upanishads*. Dieses Einbeziehen fremder Gottheiten vollzog sich vor dem 2. Jahrhundert v. Chr., denn eine Säuleninschrift in Besnagar bezeugt, der griechische Gesandte Heliodor sei ein Verehrer des «Gottes der Götter» Vāsudeva. Vāsudeva soll die Bhāgavata-Religion begründet haben, die auch Elemente des Sonnenkults umfaßte und sich später zum Vishnuismus entwickelte. Eine flötenspielende Hirtengottheit wurde ebenfalls mit dem Gott-Helden Krishna gleichgesetzt, der wiederum – wie die Helden Parashurāma und Rāma – als eine Inkarnation Vishnus angesehen wurde. Die Inkarnationslehre erleichterte die Aufnahme volkstümlicher Gottheiten in den Vishnuismus, entwickelte sich in der Zeit der Epen und wird in den *Purānas* erwähnt. Sie führen unterschiedliche Listen von Inkarnationen auf, die auf regionale oder sektenbedingte Tendenzen hindeuten.

Die Vorstufen von Vishnus Aufstieg zu einer bedeutenden Gottheit sind in der fernen Vergangenheit nicht mehr erkennbar; doch bleiben zumindest einige Anhaltspunkte. Der *Rigveda* setzt Bhāga, den Gott des Wohlstands, mit Varuna und später mit Vishnu gleich. Die *Brāhmanas* identifizieren Vishnu mit dem personifizierten Opfer und dem kosmischen Menschen, dessen Zerteilung beim Opfer das Universum entstehen ließ, wie das Opfer überhaupt der wichtigste vedische Ritus war.

Die Anhänger Vishnus und die Gläubigen Shivas betrachten ihre höchste Gottheit als einen Aspekt des gleichen göttlichen Wesens, da das Göttliche zahllose Facetten hat. Diese großzügige Einstellung wird in der *Bhagavadgītā* deutlich ausgesprochen. «Wenn ein Gläubiger einen Gott fromm verehrt, dann mache ich seinen Glauben stark, und in diesem Glauben verehrt er seinen Gott und erreicht sein Begehren, denn ich gewähre es.» (7,22f.) Weitere Versuche, die Kultformen in Übereinstimmung zu bringen, gipfelten in der Vorstellung von der Dreigestalt *(trimūrti)* von Brahmā, dem Schöpfer, von Vishnu, dem Erhalter, und von Shiva, dem Zerstörer. Ihrem Wesen nach stellen die drei Gottheiten verschiedene Aspekte des *einen* Göttlichen dar. Ein anderer, wesentlich bedeutenderer Synkretismus war die Vorstellung von Gott Harihara; hier ist Hari ein Beiname Vishnus und Hara ein Beiname Shivas. Die beiden Gottheiten sind ikonographisch verschmolzen. Die linke Körperhälfte stellt Vishnu, die rechte Shiva dar, beide mit ihren üblichen Emblemen. Im Dekkan gibt es einige Tempel des Harihara-Kults, in denen dieser Gott noch verehrt wird.

Vishnu verkörpert den *sattva-guna* – die Grundeigenschaft der Güte, der Wahrheit und des Lichtes – und die bindende oder zentripetale Tendenz in allem, was das Weltall zusammenhält. Vishnu ist die Kraft, durch welche die Dinge im Dasein bestehen. Shiva dagegen verkörpert die zentrifugale Tendenz zu Auflösung, Verfall, Vernichtung und Dunkelheit *(tamas-guna)*. Wenn Vishnu am küstenlosen Ozean, dem Gestaltlosen, seinen kosmischen Schlaf hält, ruht er auf der Schlange Shesha, «Rest», der Verkörperung der Überreste des toten Weltalls, bis zur Entfaltung eines neuen.

Vishnus wichtigste Symbole sind der Diskus und die

Schneckenschale. Die Schnecke hat die Form einer mehrfachen Spirale, die von einem Punkt ausgeht und sich in immer weitere Sphären öffnet. Sie verkörpert den Ursprung des Seins. Der Diskus oder das Rad mit sechs Speichen ist ein Symbol des allumfassenden Geistes, der grenzenlosen Kraft, die alle Sphären und Gestalten des Weltalls erschafft und zerstört. Vishnus Gefährt *(vāhana)* ist der riesenhafte menschenköpfige Vogel Garuda, der noch aus einem ehemals mit Vāsudeva verbundenen Kult stammt.

Vishnu ist immer als ein überwiegend freundlicher, liebender Gott angesehen worden, der dem Menschen stets nah ist und sich seiner annimmt. Seine Gläubigen erhoffen sich, nach dem Tode in seinem Reich Vaikuntha mit ihm zu wohnen. Er wird mit Blumen, Früchten und anderen einfachen Gaben verehrt; Tieropfer sind nicht erlaubt. Seine Gemahlin ist Lakshmī, die Verkörperung der Schönheit und des Reichtums; alle Frauen sind nach ihrem Bilde geschaffen.

Inkarnationen Vishnus

Die Inkarnationslehre ist vor allem mit Vishnu verbunden, der alles durchdringt und erhält, also für die ganze Schöpfung sorgt und ihr zugewandt ist. Auch Shiva hat einige, weniger bedeutende Inkarnationsformen. Sie wurden aber anscheinend den Inkarnationen Vishnus nachgebildet, die das Volk so stark ansprachen. Die vedische Vorstellung, ein Gott – wie etwa Indra – könne durch seine schöpferische Kraft *(māyā)* nach Belieben jede menschliche oder tierische Gestalt annehmen, hat die Inkarnationslehre ebenfalls beeinflußt. Vishnu soll mehrmals zur Erde herabgestiegen sein, eigens um die

Gerechtigkeit *(dharma)* wiederherzustellen und Übeltäter zu bestrafen, als Grausamkeit und Verderbnis überhandnahmen. Später ereigneten sich zahlreiche Teilinkarnationen, etwa in Kapila, dem legendären Begründer des Sāmkhya-Systems.

Die Zahl der Inkarnationen ist theoretisch unbegrenzt. Die Theologen des Vishnuismus begrenzten die Zahl der Hauptinkarnationen jedoch auf zehn; in den Zusammenstellungen gibt es aber einige Unterschiede, die auf regionale Tendenzen hindeuten. Darstellungen der Inkarnationen finden sich in ganz Indien, meist als Bildhauerarbeiten auf Schreinen oder manchmal, z. B. in Ostindien, als Bildreliefs auf der Rückseite von Stein- oder Metallplatten (*vishnupattas*). Einige Inkarnationen Vishnus haben Tiergestalt, weil in Indien die Tiere als Kraftzentren gelten und daher die geheimnisvolle Kraft der Gottheit symbolisieren. Die zehn wichtigsten Inkarnationen sind:

Der Fisch *(matsya)*

Diese Inkarnation sollte die Menschheit vor der Vernichtung durch die (Sint-)Flut retten. Ein wunderbarer Fisch warnte Manu Satyavrata, den siebenten Gesetzgeber und Stammvater der Menschheit im gegenwärtigen Weltalter, vor einer drohenden Flut. Er befahl ihm, ein Schiff zu bauen und sich auf ihm mit Weisen, Tieren, Pflanzen und mit seiner Familie in Sicherheit zu bringen. Beim Einsetzen des Sturmes würde ein riesiger gehörnter Fisch auftauchen und das Schiff in Sicherheit leiten. Manu folgte den Anweisungen. Wie angekündigt, tauchte der Fisch auf; Manu benutzte den Körper der Schlange Shesha als Tau und band es an das Horn des Fisches. Da zog der Fisch das Schiff auf einen Berg, und dort blieb es, bis die Wasser sich wieder senkten.

Die Schildkröte *(kūrma)*

Die Schildkröte hat in den kosmogonischen und genealogischen Vorstellungen der Völker Indiens lange eine wichtige Rolle gespielt. Wahrscheinlich sind nicht-arische Schildkröten-Kultformen später in die hinduistische Überlieferung aufgenommen worden.

Der obere und der untere Panzer der Schildkröte verkörpern den Himmel und die Erde, die Zwischenschicht steht für die Atmosphäre – ein Bild für Vishnus Verbindung mit den drei Bereichen des Weltalls.

Die Schildkröte gilt als Vater aller Geschöpfe. Daher wird der Schöpfergott Prajāpati in Gestalt einer Schildkröte verehrt. Als Herr über die Wasser ist die Schildkröte aber auch Varuna, in dessen Reich alle ertrinkenden Geschöpfe gelangen. Die Schildkröte bildet mythologisch das Fundament, auf dem die Erde ruht. Sie diente auch als Stütze für den Quirlstab, als die Götter und Dämonen das Milchmeer *(samudramathana)* quirlten, ein Symbol für den Überfluß der Natur und aller dem Menschen anvertrauter Dinge. Weil die Schildkröte nach Belieben ihre Glieder in den Panzer zurückziehen kann, wurde sie schließlich zum Sinnbild für Menschen, die ihre Gefühle und Sinne beherrschen. Sie ist darüber hinaus auch ein Symbol des Opfers.

Der Eber *(varāha)*

Vishnu nahm diese Gestalt an, um die als Göttin personifizierte Erde vor dem dämonischen Hiranyaksha («Goldauge«) zu retten, der die Erde in seine Gewalt gebracht und in die Tiefen des Ozeans versenkt hatte. In einigen Texten wird der Eber auch als Gatte der Erdgöttin bezeichnet.

Die Vorstellung dieser Inkarnation kann von nicht-arischen Schweine- oder Eber-Kultformen beeinflußt sein. Das *Shatapatha-Brāhmana* gibt dem Eber den nichtarischen Namen Emūsha.

Die Inkarnation als Eber spielte in einigen Teilen Indiens während der Gupta-Periode eine wichtige Rolle. Eine Inschrift auf der Steinfigur des Varāha, die in Eran gefunden wurde und von etwa 500 n. Chr. stammt, berichtet von der Erbauung eines Tempels, der Nārāyana (Vishnu) in Ebergestalt geweiht war.

Der Mann-Löwe *(Narasimha* oder *Nrisimha)*

Der Kult der Inkarnation als Mann*(nara)*-Löwe*(simha)* stand vor allem während der ersten Jahrhunderte n. Chr. in Blüte. Seine Anhänger waren meist Könige und Krieger, weil Narasimha den Mut und die Tapferkeit verkörperte.

Der fromme Vaishnava Prahlāda, Sohn des Dämonenkönigs Hiranyakashipu («Goldgewand»), wurde wegen seiner gläubigen Hingabe an Vishnu beständig von seinem Vater verfolgt. Schließlich beschloß dieser, seinen Sohn zu töten. (Hiranyakashipu selbst war unverwundbar, da ihm Brahmā eine Gunst gewährt hatte, so daß er weder bei Tag noch bei Nacht, weder von einem Gott noch von einem Menschen oder von einem Tier getötet werden konnte.) Da nahm Vishnu die Gestalt Narasimhas an, um Prahlāda zu retten. Er erschien in der Dämmerung in der Säulenvorhalle des Palastes und riß mit seinen Löwenklauen Hiranyakashipu in Stücke.

Narasimha beschützt den Menschen vor den Angriffen von Dämonen und wilden Tieren, vor Dieben, ungünstigen Sternvorzeichen und jeder Art von Gefahr. Die Vorstellung dieser Inkarnation als Halbmensch und Halbtier geht auf die Anschauung zurück, der Mensch sei das vollkommenste aller Geschöpfe, der Löwe das tapferste und kraftvollste aller Tiere.

Der Zwerg *(vāmana)*

Als der tugendhafte, aber stolze Daitya-König Bali die Herrschaft der Welt an sich gerissen hatte, fürchteten sich die Götter und baten Vishnu um Hilfe. Da nahm Vishnu Zwergengestalt an, denn den Zwergen wurden Zauberkräfte zugeschrieben. Er bat Bali, ihm so viel Land zu überlassen, wie er mit drei Schritten ausmessen könnte. Bereitwillig gewährte Bali diesen bescheidenen Wunsch; doch zu seiner Verblüffung wuchs der Zwerg sofort zu ungeheurer Größe und überquerte mit drei Schritten die ganze Erde. Der letzte Schritt endete auf Balis Kopf und zwang ihn in die unterirdischen Regionen hinunter. Die Dreizahl deutet hier auf Vishnus allumfassende Natur; denn das Weltall ist dreigeteilt, in die oberen Regionen, die Erde und die Wasser.

Zur Belohnung für seine Großmut und Tugend wurde Bali zum Herrscher der unteren Regionen. Dieser Mythos geht zurück auf den vedischen Bericht von den drei Schritten des kosmischen Vishnu.

Rāma mit der Axt *(Parashurāma)*

Rāma war ursprünglich ein epischer Held, ehe er in den Kanon des Vishnuismus aufgenommen wurde. Nach Inschriftenzeugnissen wurde er vom 4. bis zum 8. Jahrhundert verehrt. Zu seinen vielen Taten gehört die Wiederherstellung der sozialen Ordnung, als der Adel den Priestern die spirituelle Führerschaft zu entreißen versuchte und der menschlichen Gesellschaft damit die Gefahr drohte, der Tyrannei von Königen, Kaufleuten und anderen ausgeliefert zu werden. Es ist Rāmas Leistung, alle Adligen und Krieger vernichtet und eine von den Priestern kontrollierte Monarchie begründet zu haben. Die Geschichte dieser Inkarnation deutet vermutlich auf die endgültige Zerstörung der nicht-arischen Königreiche.

Rāma (oder Rāmachandra)

Dieser Rāma war vermutlich während des 7. oder 8. Jahrhunderts ein Stammesführer, ein Heros, der dem Vishnu-Kult zugeordnet wird. Er steht für Mut, Tugend, Güte und Pflichtgefühl, und er gilt daher als Verkörperung der Rechtschaffenheit. Der Kult Rāmas hat Anhänger in allen Gesellschaftsschichten. Sein selbstloser, ergebener Helfer, der Affenhalbgott Hanumat, wird von den Dorfbewohnern in Nordindien verehrt; er ist auch auf vielen alten Festungsgebäuden Südindiens dargestellt.

Das *Rāmāyana* beschreibt viele wunderbare Abenteuer Rāmas und bezeichnet ihn als König von Ayodhyā, einem Reich des Friedens, der Gerechtigkeit und des Wohlstands. Rāmas Gattin ist die schöne Sītā, die Verkörperung weiblicher Hingabe. Sie wird durch den Dämon Rāvana, den König von Lankā, entführt und später von Rāma befreit. Metaphysisch gedeutet ist sie die Mutter der Welt der Erscheinungen, während Rāma die nicht-materielle Welt symbolisiert. Sītā wird auch als eine Inkarnation von Vishnus Gemahlin Lakshmī angesehen.

Dieser Kult wurde bald nach der Invasion der Mohammedaner populär.

Krishna *(der «Dunkle»)*

Krishna war in der Frühzeit ein nicht-arischer Stammesheld der Yādavas. Er war auch ein Lehrer, der mit Nārāyana, also Vishnu, und mit Vāsudeva, einer ursprünglich selbständigen Gottheit, gleichgesetzt und daher in den arischen Götterhimmel aufgenommen wurde. Vishnu nahm die Gestalt Krishnas an, um zu Beginn des gegenwärtigen Weltalters eine Religion der Liebe zu stiften. Im Krishna-Mythos verschmelzen zahlreiche, auch einander widersprechende Legenden aus verschiedenen Epochen und Regionen. Krishna ist die bei weitem wichtigste aller Inkarnationsformen.

Krishnas Mutter, Devakī, war die Schwester des tyrannischen Königs Kamsa. Der weise Nārada hatte vorausgesagt, der König werde durch einen Neffen getötet werden. Kamsa hielt daher Devakī gefangen und tötete alle ihre sechs Kinder. Das siebente, Balarāma, entkam, und das achte, Krishna, wurde heimlich gegen die Tochter eines Kuhhirten ausgetauscht. Krishna verbrachte eine idyllische Kindheit in der Hirtenwelt und war ein Liebling der Hirtinnen *(gopīs)*. Seine Freundin war Rādhā, die Verkörperung des Erfolgs, die Tochter seines Ziehvaters Nanda.

Mehrere erotische mystische Kultformen beziehen sich auf die Liebe von Krishna und Rādhā; im späten Mittelalter wurden sie oft zusammen von einander liebenden Gläubigen verehrt.

Entsprechend dem Erfindungsreichtum der Inder sind die Geschichten von Krishnas vielen phantastischen Liebesbeziehungen und Abenteuern durch die Jahrhunderte immer mehr ausgeschmückt worden. Sie alle sollen seine Seinsfülle zeigen, die jeden Lebensbereich erfaßt, und seine verbindende Stellung zwischen Gott und Mensch. Seine Schönheit, Freundlichkeit und Anziehungskraft, ebenso seine überwältigende Zuneigung zu allen lebenden Geschöpfen ermutigt niedriger stehende Wesen, nach Vervollkommnung und Befreiung zu streben. Als Kind erweckte er in Frauen mütterliche

Liebe, als Jüngling war er der vollkommene Liebende. Die Liebe der Frauen zu Krishna wird manchmal als die Sehnsucht der Seele nach Gott interpretiert. Für Männer war er der ideale Lehrer, heldenhafte Krieger und Herrscher.

Krishnas bevorrechtigte Gemahlin war Rukminī, die Tochter des Königs von Vidarbha, dem heutigen Berar. Krishna begründete und regierte das Königreich Dvārakā in Kāthiawār vorbildlich, das später in der großen Flut unterging.

Die Kultgemeinschaften der Gottesliebe *(bhakti)* lehren, daß durch liebende Vereinigung mit Krishna alle menschlichen Wesen ihre Einheit mit der Letzten Wirklichkeit, *brahman*, erfahren können. Im *Bhāgavata-Purāna* heißt es: «Das ganze Weltall ist voller Seligkeit für den, der sein Genügen allein in mir findet, der selbstbeherrscht und ausgeglichen ist, der sich nur nach mir sehnt.» Nur die wahrhaft Rechtschaffenen können sich über Gut und Böse erheben. Wer diesen glücklichen Zustand erreicht hat, dessen Taten werden selbstlos sein, frei von Gedanken an Verdienst, Bestrafung oder Belohnung. Er wird von Natur aus von bösen Handlungen und Gedanken ablassen, nicht nur aus dem Bewußtsein von Sünde, der Angst vor Strafe oder der Furcht vor der Anhäufung von ungünstigem Karma.

Der Buddha

Der Buddha wurde unter die Inkarnationsgestalten Vishnus vermutlich von Theologen des Vishnuismus eingereiht, die sich um die Einbeziehung heterodoxer Kultformen bemühten. Manchmal heißt es, seine Aufgabe sei, die Unüberlegten und die Bösen in die Irre zu führen; doch nach dem *Gītagovinda* (s. Seite 131) wurde Vishnu zum Buddha aus Mitleid mit den Leiden der

Tiere und zur Verhinderung blutiger Opfer. Diese Inkarnation wird selten von Vishnu-Gläubigen verehrt.

Kalkī

Kalkī ist die künftige Inkarnation Vishnus, deren Gestalt vermutlich auf die ältere buddhistische Lehre vom kommenden Buddha Maitreya zurückgeht. Am Ende des gegenwärtigen Weltalters der Grausamkeit und des Kampfes wird Kalkī erscheinen, als ein Krieger, auf einem weißen Pferd und in den Händen ein Schwert. Im südlichen Indien wird er nur als weißes Pferd dargestellt, vielleicht in Nachwirkung eines früheren regionalen Pferdekults und der mit diesem Tier verbundenen Kraft.

Das *Mahābhārata* beschreibt Kalkī als einen heldenhaften Brahmanen, der in der Zukunft erscheinen wird, um die Bösen zu bestrafen, die Rechtschaffenen zu erretten und zu trösten – eine Hoffnung, die unter Hindus und Buddhisten während der wiederholten Einfälle der Mohammedaner seit dem 8. Jahrhundert besonders lebendig war.

Am Ende dieses Zeitalters wird Kalkī die Welt zerstören, um einer neuen und besseren Schöpfung den Weg zu bereiten.

Vaishnava-Kultgemeinschaften

Bhāgavata und Pāñcharātra

Einige Indologen glauben, daß diese beiden Kultgemeinschaften ursprünglich selbständig waren. Die Pāñcharātra-Anhänger verehrten den vergöttlichten Seher Nārāyana, die Bhāgavata-Anhänger den vergöttlichten Vrishni-Helden Vāsudeva. Später seien die beiden Sekten verschmolzen, in einem Versuch, Nārāyana und Vāsudeva gleichzusetzen.

Der Bhāgavata ist eine theistische Kultgemeinschaft der Hingabe, die ein oder zwei Jahrhunderte v. Chr. in Blüte stand und den Anfang des Vishnuismus darstellt. Sie stützt sich vor allem auf das *Bhāgavata-Purāna* und *Vishnu-Purāna*, zwei Werke, die in der Gupta-Periode (4. bis 6. Jahrhundert) besonders bekannt waren. Die Gupta-Könige nannten sich Bhāgavatas und verbreiteten die Lehren der Kultgemeinschaft in Nordindien und im Dekkan. Die Rajput-Könige, die ihr anhingen, verbreiteten sie über ganz Indien. In Südindien und im Tamil-Gebiet wurde die Bhāgavata-Bewegung in großem Umfang durch die zwölf Ālvārs bekannt gemacht, die ein intuitives Wissen von Gott hatten. Sie wirkten vom 8. bis zum Beginn des 9. Jahrhunderts. Ihre Lehre war monotheistisch und gefühlsbezogen, nicht so sehr metaphysisch orientiert. Die Ālvārs strebten nach Befreiung von der Folge von wiederholter Geburt und wiederholtem Tod; sie sehnten sich nach liebender Vereinigung mit Vishnu. Wenn sie im Lande umherzogen, sangen sie religiöse Lieder und Hymnen.

Die Ālvārs gehörten zu verschiedenen Gesellschaftsschichten. Unter ihnen waren: ein König von Malabar; Āndāl, eine berühmte Frau, der später an ihrem Geburtsort, Shrivilliputtur, ein prächtiger Tempel errichtet wurde; ein Mann aus einer niederen Kaste; ein reuiger Sünder. Nach den Ālvārs kamen die Āchāryas, die sich nicht auf gläubige Hingabe allein verlassen wollten, sondern sie mit Wissen und Karma verbanden. Sie verehrten die Ālvārs und wurden später selbst als Inkarnationen des Göttlichen verehrt. Das heutige Ritual geht zum größten Teil auf Bestimmungen der Ālvārs zurück.

Die höchste Gottheit der Bhāgavatas ist Vāsudeva,

der mit Krishna und Vishnu gleichgesetzt wird. Die fromme Hingabe, die in dieser Gemeinschaft geweckt wird, ist nicht so innig und gefühlsbetont wie im Chaitanya, da sie mehr auf heiliger Scheu und auf Ehrfurcht, als auf Anbetung gegründet ist. Nach Megasthenes im 4. Jahrhundert v. Chr. war Vāsudeva zu dieser Zeit selbst ein Objekt frommer Verehrung; daher muß die Bewegung vorher begründet worden sein.

Der Bhāgavata-Kult war mit der Sonnenverehrung verbunden, und sein Lehrgebäude war stark vom Sāmkhya-Yoga beeinflußt. Zwei wichtige Gebote waren, regelmäßig zu meditieren und nie ein Lebewesen zu verletzen.

Als die Bewegung im 2. Jahrhundert n. Chr. ihre Hochblüte erreichte, war sie allgemein als Pāñcharātra-Āgama bekannt. Die Pāñcharātra-Kultgemeinschaft ist eine frühe asketische und esoterische Frömmigkeitsbewegung. Der Name bedeutet «fünf Nächte», seine Bedeutung ist unbekannt. Es sind mehrere Deutungen versucht worden: etwa, daß sich der Name auf den Bhāgavata oder auf einen seiner Zweige bezieht, da nach dem *Pāñcharātra-Sūtra* Nārāyana ein fünftägiges Opfer durchführte, durch das er «alle Wesen wurde»; oder daß er mit besonderen Gelübden verbunden war, die in Entsprechung zu den Jahreszeiten fünfmal im Jahr rituell ausgedrückt wurden.

Nach der Überlieferung wurden die Unterweisungen des Pāñcharātra zum ersten Mal um 100 n. Chr. von Sāndilya in ein System gebracht, der die absolute Hingabe an Vāsudeva-Krishna zur Verpflichtung machte. Ferner erhielt Vāsudeva-Krishna eine kosmologische Grundlage, indem er und seine Familienmitglieder mit besonderen kosmischen Emanationen *(vyūhas)* gleichgesetzt wurden. Das war eine wichtige Glaubensvorstellung der frühen Pāñcharātras und der späteren Shrī Vaishnavas.

Die Pāñcharātras vertreten ein höchstes persönliches, zugleich immanentes und transzendentes *brahman*, das sich als Vishnu, Vāsudeva und Nārāyana offenbart und dessen Kraft das Weltall entstehen läßt. Zu Anbeginn der Zeit schuf der höchste Aspekt des Vāsudeva aus sich den Vyuha-Sankarshana, einen Bruder Krishnas, gleichgesetzt mit der primären Materie. Aus der Verbindung beider entstand Krishnas Sohn Pradyumna, identifiziert mit dem Geist *(manas)*. Daraus entstand Aniruddha, Krishnas Enkel, artgleich mit dem Bewußtsein *(ahamkāra)*. Daraus wiederum entstanden die Elemente und ihre Eigenschaften *(mahābhūtas)*, gleichzeitig mit Brahmā, der aus den Elementen die Erde und alles auf ihr erschuf.

Diese Emanationen werden nicht nur als Aspekte des Göttlichen, sondern als selbständige Götter angesehen. So sind die Götter paradoxerweise zugleich eines und viele. In späterer Zeit, als die Vorstellung von Vishnus Inkarnationen volkstümlich wurde, nahm ihre Verehrung ab. Die vergöttlichten Heroen wurden im Mathurā-Gebiet von Yādava-Stämmen verehrt, die ihren Kult dann nach Westindien und dem nördlichen Dekkan trugen.

Vishnus personifizierte Kraft ist Lakshmī, die ihm im Wesen gleich, aber als Attribut von ihm verschieden ist. In der zweiten und dritten Stufe der Schöpfung tritt sie ebenfalls in Emanationen in Erscheinung. So soll das Nebeneinander von vollkommener, reiner Gottheit und beschränkter zeitlicher Schöpfung erklärt werden. In diesem Zusammenhang transzendiert Vishnu die Zeit, Lakshmī dagegen herrscht über die vergängliche Welt.

Vaikhānasa

Der Vaikhānasa war eine stark ritualistische Kultgemeinschaft, der Überlieferung nach von dem legendären Vikhanas gestiftet, dessen Lehre durch vier Seher der Frühzeit – Atri, Marīchi, Bhrigu und Kashyapa – verbreitet wurde. Sie verfaßten mehrere Sammlungen von Ritualtexten, die zur Hingabe an Vishnu und zur Verehrung seiner Inkarnationen anleiteten.

Der Vaikhānasa ist konservativ ausgerichtet und greift auf die vedische Überlieferung zurück, so daß vedische Terminologie, aber auch vedische und nichtvedische Mantras in die heiligen Texte aufgenommen sind. Nach vedischen Regeln werden Feueropfer durchgeführt. Ursprünglich bildete die Bewegung einen Teil der Taittirīya-Schule des *Schwarzen Yajurveda*, später aber wurde sie zu einer orthodoxen Vishnu-Kultgemeinschaft. In ihrem wichtigsten Text, dem *Vaikhānasa-Sūtra* aus dem 3. Jahrhundert n. Chr., verschmilzt die Verehrung des vedischen kosmischen Vishnu mit der des Nārāyana.

Die Ritualtheorie des Vaikhānasa gründet sich auf die fünffache Auffassung von Vishnu: als höchste Gottheit; als Purusha, das Lebensprinzip; als Satya, der statische Aspekt der Gottheit, nicht durch die Zeit begrenzt; als Achyuta, der unwandelbare Aspekt, nicht verändert durch einen äußeren Einfluß; als Aniruddha, das Unwandelbare. Die Durchführung des fünffachen Rituals sühnt das Böse und verleiht jedem Glückseligkeit; sie wirkt zugleich als Regenzauber.

Vishnus zehn wichtige Inkarnationsformen werden zu besonderen Zwecken verehrt: der Fisch und die Schildkröte, um Gelassenheit gegen weltliche Dinge zu erreichen und übernatürliche Yoga-Kraft zu gewinnen; der Eber kümmert sich um das Wohlergehen des Königs; der Mann-Löwe gewährt Unbesiegbarkeit und die Vernichtung der Feinde; der Zwerg und Parashurāma sorgen für die Erlangung eines Königreiches und auch von Weisheit; Rāma für Glückseligkeit und Zuwachs an Güte und Tugend; Balarāma für Herrschaft über die ganze Welt; Krishna für Genuß, Glückseligkeit, Überlegenheit und Zufriedenheit; Kalkī für die Verhinderung des Bösen.

In dieser Bewegung spielt die Bilderverehrung eine große Rolle, die sich aus einem vedischen Bildritual entwickelt haben soll. Ein großes festes Tempelbild Vishnus stellt seinen transzendenten Aspekt dar; kleinere tragbare Bilder verkörpern seinen irdischen Aspekt, der den verschiedenen Inkarnationsformen zugrunde liegt.

Seit dem Ende des 10. Jahrhunderts verwalteten Vaikhānasa-Priester Tempel, Schreine und Güter des Vishnuismus. In einigen Tempeln, etwa den Venkateshvara-Tempeln in Tirupati und Kāñchī, führen die Priester noch Riten in Sanskrit durch, auch wenn sie durch den Aufstieg des Shrī Vaishnava etwas in den Schatten gedrängt worden sind.

Shrī Vaishnava

Diese Kultgemeinschaft wurde von Rāmānuja begründet, einem Religions- und Gesellschaftsreformer, der im 11. Jahrhundert bei Madras geboren wurde. Sie ist ein Seitenzweig der Pāñcharātra-Bewegung, die im Tamil-Gebiet eine Blütezeit erlebte.

Rāmānuja entwickelte eine Philosophie des modifizierten Monismus (Vishishtādvaita), eine Form des Vedānta, aufgebaut auf der Vorstellung eines liebenden persönlichen Gottes, der die Seelen und die Materie umgreift. Der menschliche Geist ist von dem höchsten

Geist unterschieden und getrennt; er ist aber von ihm abhängig, denn Liebe setzt eine Beziehung zwischen Liebendem und Geliebtem voraus. Vishnu wird mit *brahman*, dem Absoluten, gleichgesetzt; aber in diesem Zusammenhang ist *brahman* nicht das attributlose *brahman* der *Upanishads*.

Vishnu hat vor allem zwei Aspekte: Als die unübersteigbare Ursache der Welt ist er der transzendente höchste Geist, und seine sichtbare Gestalt ist die materielle Schöpfung. So ist er Schöpfer und Schöpfung zugleich. Als göttliches Sein ist er unerschöpflich; die Welt der Erscheinungen ist nur ein Teil Gottes, denn er transzendiert das Weltgeschehen. Auch die menschlichen Wesen sind ein Teil Gottes, der seine Schöpfung so liebt, daß er bei den wahrhaft Reuigen auch die Wirkungen des negativen Karma unschädlich machen kann.

Rāmānuja verfaßte umfangreiche Kommentare über die *Brahma-Sūtras*, die *Bhagavadgītā* und die *Upanishads*. Er empfahl Meditationsübungen, Freundlichkeit sowie Wohltätigkeit, Schonung aller Lebewesen und Reinigung des Körpers. Er räumte ein, die Befreiung könne auch durch Wissen *(jñāna-yoga)* erreicht werden, entschied aber, sie sei der Befreiung durch Bhakti-Yoga, durch völlige Unterwerfung und Hingabe an Vishnu untergeordnet. Die Befreiung trete erst nach dem Tode ein, wenn die Einzelseele von den Begrenzungen des empirischen Lebens gelöst sei.

Rāmānuja wurde schon zu Lebzeiten verehrt, und sein Bild fehlt in keinem Tempel seiner Anhänger. Ein wichtiger Vertreter der Bewegung war Vedānta Deshika oder Venkatanatha, ein brillanter und fruchtbarer Schriftsteller, Philosoph und Dichter, der wegen seines Ruhmes vergöttlicht wurde. Er war ein wichtiges

Mitglied der Vadagalai-Schule der Bewegung nach Rāmānuja.

Die Lehre breitete sich nach Rāmānujas Tod weiter in Indien aus und beeinflußte die späteren Frömmigkeitsbewegungen stark. Am Ende des 14. Jahrhunderts gab es zwei Richtungen: den nördlichen oder Vadagalai-Zweig und den südlichen oder Tengalai-Zweig. Sie unterschieden sich vor allem in Lehrinterpretationen und in der Frage, ob Sanskrit oder Tamil als heiligere Sprache anzusehen sei. Heute hat Rāmānuja im Tamil-Gebiet viele Anhänger, und die Kultgemeinschaft besitzt eine Literatur in Sanskrit und Tamil.

Nimavāt

Diese Kultgemeinschaft wurde von Nimbārka begründet, einem südindischen, später in Brindaban (Nordindien) ansässigen Brahmanen. Manchmal wird er mit dem Astronomen Bhāskarāchārya aus dem 12. Jahrhundert gleichgesetzt.

Nimbārka versuchte, eine Verbindung zwischen dem Absoluten und der Vielfalt der Erscheinungen herzustellen. So ist seine Philosophie ein Kompromiß zwischen Dualismus und Nicht-Dualismus; sie wird auch dualistischer Nicht-Dualismus genannt (Dvaitādvaita oder Bhedābheda). Sie lehrt das Nebeneinander von Unterscheidung und Einheit in *brahman*. Jeder menschliche Geist kann in Gottes Geist aufgenommen werden; Gott, die Seelen und die Welt sind wesensgleich, aber unterschieden. Krishna ist die höchste Gottheit, die sich den Gläubigen auch direkt offenbaren kann. Das geschieht nur nach langer Meditation über Krishna, verbunden mit Arbeit, Wissen, frommer Hingabe an Gott und Gehorsam gegen den Guru.

Der bedeutende Dichter Jayadeva war vermutlich

ein Schüler des Nimbārka. Sein mystisches Gedicht *Gītagovinda* hatte entscheidende Bedeutung für die Verbreitung der Krishna-Verehrung.

Madhva

Diese Kultgemeinschaft wird auch als Sad-Vaishnava bezeichnet, um sie vom Shrī Vaishnava des Rāmānuja zu unterscheiden. Sie wurde von Madhva, auch Ānandatīrtha genannt, gestiftet, der 1199 bei Mangalore in Westindien geboren wurde. Er vertrat eine dualistische Lehre (Dvaita-Vedānta) und stand allen nicht-dualistischen *(advaita)* Lehren äußerst feindlich gegenüber. Madhva untersagte Tieropfer, gestattete aber Opfer, in denen Reismehlfiguren Tiere ersetzten.

Die wichtigste seiner zahlreichen Schriften war ein *Brahma-Sūtra*-Kommentar, mit dem er die Begründung für eine neue Vaishnava-Kultgemeinschaft lieferte. Er lehrte, die Gesamtheit der vedischen Texte verkörpere die absolute Wahrheit, die Vishnus Natur offenbare und ihn mit dem *brahman* der *Upanishads* gleichsetze.

Vishnu, oder Hari, ist die materielle und wirkende Ursache der belebten und unbelebten Welt, und sein Beauftragter ist der Windgott Vāyu. Madhva soll eine Inkarnation Vāyus sein, die zwischen Gott und dem Menschen vermittelt. Alle Götter stehen unter Vishnu und sind dem Verfall unterworfen. Die zahllosen menschlichen Seelen oder Geister sind für immer von Vishnu getrennt, aber auf ihn bezogen, wie Diener auf den Herrn. So beherrscht er sie, und sie können durch seine Gnade gerettet werden, besonders jene, die ihn mit uneingeschränkter Hingabe verehren.

Madhva vertrat eine Lehre der fünf großen Unterschiede: zwischen ewig existierenden Seelen und dem ewigen Vishnu; zwischen Vishnu und der Materie; zwischen unveränderlichen selbstleuchtenden Seelen und ewig veränderter Materie; zwischen einer Seele und der anderen; zwischen einem Materiepartikel und einem anderen. Alle diese Unterschiede sollen auch nach der Befreiung bestehen bleiben.

Den Träumen wurde große Beachtung geschenkt; denn Madhva lehrte, nach dem göttlichen Willen erleide der Mensch in ihnen die Wirkungen der Handlungen aus der Vergangenheit und könne so vom negativen Karma befreit werden. Die Befreiung tritt ein durch unmittelbares, intuitives Wissen des Göttlichen.

Ein ungewöhnliches Element in Madhvas System ist der Prädestinationsglaube. Madhva lehrte, manche Menschen seien für die Befreiung auserwählt; manche seien ewig verdammt und manche ausersehen, eine endlose Folge von Geburt und Tod zu durchlaufen. Die Kultgemeinschaft hatte nie viele Anhänger; sie spricht jedoch manche intellektuellen Schichten Südindiens an.

Vitthala

Diese Kultgemeinschaft des 13. Jahrhunderts, auch *Vārkarī Panth*, «Pilgerpfad», genannt, gruppierte sich um Vitthala oder Vithobā, der als eine Inkarnation Krishnas angesehen wurde. Er wird vor allem in dem früheren Buddhistenzentrum Pandharpur im äußersten Süden von Maharashtra verehrt, wo an seiner Gedächtnisstätte ein lokaler Kult entstanden ist. In Pandharpur übertrug er einen Teil seines Wesens auf einen asketischen Brahmanen mit Namen Pundarīka oder Pundalīka, dessen kindhafte Frömmigkeit so groß war, daß er die Gottheit nach Pandharpur zog.

Der erste mit dieser Bewegung verbundene Autor war Jñāneshvara, der viele religiöse Hymnen und einen Kommentar zur *Bhagavadgītā* verfaßt hat. Unter ihren

Anhängern war ferner der Dichter Nāmdev (um 1270–1350), der viele Jahre im Punjab verbrachte und dort seine Glaubensvorstellungen verbreitete. Viele seiner Verse wurden in die heiligen Schriften der Sikhs aufgenommen. Nāmdev lehrte, Askese, Fasten, Wallfahrten und Kontemplation des Absoluten seien nutzlos. Gott sei überall, deshalb sei nur notwendig, ihn zu lieben und zu preisen. Ein anderer berühmter Anhänger war Rāmdās (1608–81), der Lehrer und Anreger von Shivājī, der den Marātha-Widerstand gegen die Moguln anführte.

Obligatorisch war mindestens eine Wallfahrt nach Pandharpur. Dabei besuchte man die mit den großen Dichtern der Vergangenheit verbundenen Stätten und sang ihre Hymnen und Lieder, auch die des Marātha-Nationaldichters Tukārām (1608–49), der so viel für die Ausbreitung der Bewegung getan hatte. Mit der Zeit wurde er selbst verehrt, und mehrere Wunder wurden ihm zugeschrieben.

Die Vitthala-Verehrung ist selbstlos. Gott wird angebetet, aber nicht um besondere Vergünstigungen gebeten. Es werden keine Opfer dargebracht, denn Vithobā liebt die ganze Menschheit und erwartet dafür seinerseits nichts als Liebe.

Ramāvat oder Rāmāndī

Diese Kultgemeinschaft und Erneuerungsbewegung wurde in Nordindien von dem um 1299 geborenen Rāmānanda begründet, der ein Anhänger von Rāmānuja gewesen war. Rāmānanda versuchte, die besten Elemente des Hinduismus und des Islam zu verschmelzen, und bezog auch einige Vorstellungen indischer Sufis ein, die sowohl Hindus wie Muslime ansprechen konnten.

Die höchste Gottheit war für ihn Vishnu in der Gestalt des heldenhaften Rāma, der entweder allein oder zusammen mit seiner Frau Sītā verehrt wird. Vor allem wegen seiner magischen Kräfte wird auch der Affenhalbgott Hanumat verehrt, Rāmas berühmter Diener und Gefährte. Es gibt keine Unterschiede nach Geschlecht oder Kaste, weil vor dem wahren Gott alle Frommen gleich sind; aber außerhalb des Gottesdienstes müssen die Kastenbestimmungen eingehalten werden. Haupterfordernis ist, daß alle Gläubigen Rāma ganz ergeben sind.

Zu den zwölf wichtigsten Schülern Rāmānandas gehört der Reformer Kabīr (1440–1518), der später eine eigene theistische Kultgemeinschaft gründete, und zwei Frauen. Rāmānanda gilt als Inkarnation Rāmas. Alle Hymnen und religiösen Gedichte des Ramāvat sind in verschiedenen Hindi-Dialekten geschrieben, nicht in Sanskrit, das nur von Gebildeten verstanden wird. Rāmānanda selbst hat nichts geschrieben, aber die bedeutenden Dichter Surdas (1483–1563) und Tulsīdās (1532–1623) trugen dazu bei, die Ramāvat-Lehre zu verbreiten.

Vallabha

Diese wichtige Bewegung wurde von dem Telugu-Brahmanen Vallabha (1479–1531) gestiftet, inmitten der unruhigen Jahre des Zusammenbruchs des Delhi-Sultanats und der Entstehung der Herrschaft der Moguln.

Vallabha war ein Wunderkind. Herangewachsen, reiste er neun Jahre lang durch Indien und führte gelehrte Diskussionen mit den Angehörigen anderer Glaubensgemeinschaften. Während seiner ausgedehnten Pilgerreisen hatte er eine Vision Krishnas, der ihm befahl, nach Mathurā zu gehen, zu einem Bild, das auf wunderbare

Weise auf dem Berg Govardhana erschienen war. Hier offenbarte ihm Krishna den Weg zur Befreiung durch vollkommene Unterwerfung unter die Gottheit. Später befahl er ihm zu heiraten – für einen geistlichen Führer ein höchst ungewöhnliches Vorhaben –, um so einen Stammbaum von Lehrern sicherzustellen. Er verfaßte eine Anzahl von Werken, darunter einen Kommentar über das *Bhāgavata-Purāna*, in dessen letztem Teil Krishnas frühes Leben und die Lehren der Bewegung beschrieben werden. Vallabha vertrat eine Lehre des reinen Nicht-Dualismus (Vishuddhādvaita), welche die Welt als Ergebnis einer inneren Umwandlung des Absoluten auffaßt.

Die Bewegung konzentriert sich auf den jugendlichen Aspekt Krishnas, den Bāla Krishna oder Bālgopāl, den «Kuhherden-Jungen», und seine Liebesabenteuer mit den Hirtinnen *(gopīs)* von Mathurā. Die Beziehungen werden symbolisch gedeutet als leidenschaftliche seelische Hingabe an das Göttliche in der Gestalt irdischer Liebe.

Vallabha sah die Welt als wirklich an und setzte Krishna mit *brahman* gleich. Die einzelnen Seelen, überhaupt alles, sind eins mit *brahman*. Es wird als Sein, Bewußtsein und Seligkeit (*sit, chit* und *ānanda*) beschrieben, die hier nicht nur als Qualitäten gedeutet werden, sondern als *brahman* selbst. Der eigene Körper, als Teil des Göttlichen, soll durchaus nicht durch Askese gequält, sondern geachtet und für Freude und Wohlgefühl geschult werden.

Vallabha lehrte drei Wege zur Befreiung: Die ersten beiden umfassen beständige Aktivität und Ritual; der dritte, wahre Weg ist der «Weg des Wohlseins« *(pushti-mārga)* oder der Hingabe an Krishna. Eigennutz und Selbstsucht müssen ganz aufgegeben werden; Krishna soll zu Hause oder bei seinem Schrein verehrt werden. Während der rituellen Verehrung wohnt er in seinem Bild; deshalb wird das Bild bekleidet und geschmückt, es werden ihm Blumen geopfert. Musik und Gesang sind üblich, bei besonderen Anlässen auch Tanz.

Leider haben viele Schüler und Anhänger Vallabhas seine Lehre zu wörtlich ausgelegt, und sie wurde zum Anlaß für Unmoral und sexuelle Zügellosigkeit. Die Nachfolger im erblichen Führeramt wurden Mahārājas, «große Könige», genannt; sie betonten die Notwendigkeit vollständiger Unterwerfung unter den Guru. So wurden Gurus vergöttlicht und als Inkarnationen Krishnas betrachtet – ein Grund zu weiterem Mißbrauch. Jedes Opfer wurde zuerst dem Guru dargebracht. Sogar Frauen und Töchter wurden ihnen angeboten; angeblich zum rituellen Nachspielen der mythischen erotischen Abenteuer Krishnas. Das Verhalten der Mahārājas entartete immer mehr, bis im 19. Jahrhundert Reformen versucht wurden. Es ist in Indien jedoch fast unmöglich, religiös begründete soziale Verhaltensweisen zu verändern. Trotzdem fand 1862 ein Mahārāja-Prozeß statt und setzte zumindest einigen der anstößigen Bräuche der Kultgemeinschaft ein Ende.

Chaitanya

Diese religiöse Gemeinschaft bildete sich um den bengalischen Visionär Chaitanya (1485–1534). Ursprünglich stand er den volkstümlichen Frömmigkeitsbewegungen distanziert gegenüber, bis er sich unter dem Einfluß eines Asketen in die Krishna-Verehrung einführen ließ. Er schloß sich Gläubigen an, die nachts zum gemeinsamen Singen von Hymnen und zu ekstatischen Gotteserfahrungen zusammenkamen. Weitere Faktoren, die seine Glaubensentwicklung beeinflußten, waren: das

Gītagovinda des Sanskrit-Dichters Jayadeva aus dem 12. Jahrhundert, das Liebe, Trennung und Wiedervereinigung Krishnas mit seiner Geliebten Rādhā schildert; die erotischen Lieder des Maithilī-Dichters Vidyāpati (um 1360–1448) und die des Bengalen Chandidās; die tantrische buddhistische Sahajiyā-Bewegung.

Die Vorstellung der kosmischen Einheit wird hier in der geschlechtlichen Vereinigung von Mann und Frau verkörpert; das Idealbild göttlicher Liebe und Existenz ist die Verbindung von Rādhā und Krishna in Brindaban. Die Geschichten von Krishnas Liebschaften mit den *gopīs* wurden mit der Zeit immer mehr ausgeschmückt. Viele Erzählungen gehen vermutlich auf Geschichten im Umkreis lokaler Stammesgottheiten zurück, die mit Krishna identifiziert wurden.

Ein wichtiges Merkmal der Bewegung Chaitanyas war das rhythmische, fast hypnotisierende Singen von Liedern, heiligen Namen und Beschwörungen. Chaitanyas religiöse Ekstasen waren so intensiv und absorbierend, daß er nie einen Versuch machte, eine eigene Gemeinschaft zu begründen. Aber seine persönliche Ausstrahlung und leidenschaftliche religiöse Hingabe ermutigten andere, ihm auch in den düsteren Tagen der Islam-Invasionen zu folgen. Seine Anhänger bildeten erst später eine Kultgemeinschaft; ihre sechs Theologen, die Gosvāmīs, kodifizierten und interpretierten Chaitanyas Glaubensvorstellungen. Sein einziges heute noch bekanntes Werk ist ein Gedicht von acht Versen in Sanskrit, das seine Ekstase in der Umarmung der Gottheit beschreibt. Es war seine höchste Seligkeit, sich mit Rādhā gleichzusetzen, um die leidenschaftlichen Umarmungen Krishnas zu erfahren.

Chaitanya betrachtete Gott als universal männlich und die Seele in Beziehung zu ihm als weiblich. Er wird als hellhäutig dargestellt, weil auch Rādhā hellhäutig war und er als ihre Inkarnation gilt. Seine Anhänger sehen ihn aber auch als Inkarnation Krishnas oder als Krishna selbst an; daher wird er sehr verehrt. Krishna ist für die Bewegung die höchste Gottheit, nicht nur eine Inkarnation Vishnus.

Um sich mit Rādhā noch mehr gleichzusetzen, kleidete sich Chaitanya häufig als Frau. Er lehrte, die Welt sei als eine Erscheinung von Gottes Kraft nicht unwirklich, aber sie sei voller Verlockungen, die den Menschen von seinem göttlichen Erbe ablenken könnten.

Wie die meisten Führer von Frömmigkeitsbewegungen war Chaitanya ein Gegner der Kastengrenzen. Die Befreiung kann für ihn nur erreicht werden durch die Hingabe an den Geist Krishnas und die mystische Verbindung mit ihm. In ihr verliert der Gläubige das Bewußtsein der Individualität und damit die Probleme, die Begrenzungen und die Isolation, die mit der Individualität unvermeidlich verbunden sind. Gesang, Musik und Tanz sind Wege zum Erreichen des erstrebten Ziels.

In der Bewegung wird *brahman* nicht als attributlos – also als undifferenziertes, reines Bewußtsein – betrachtet, sondern als ein persönliches Wesen mit unzähligen Attributen, darunter allumfassende Liebe und Zuwendung, das sich den Menschen in der vollkommenen Gestalt Krishnas offenbart.

Wiederholt steigerten sich Chaitanyas leidenschaftliche Ekstasen bis zu Ohnmachtsanfällen, die sich auf seine geistige Gesundheit auswirkten. Nach seinem Tode erhoben ihn seine Anhänger zu einer vollen Inkarnation Krishnas, seine beiden wichtigsten Jünger zu Teil-Inkarnationen. Die Dreiheit Chaitanya, Advaita und Nityānanda wird als die «drei großen Herrscher» *(prabhus)* bezeichnet. Ein anderer Gefährte Chaitanyas war Haridas, der in Bengalen als eigene Gottheit verehrt wird.

Chaitanya lehrte, die Befreiung könne zu Lebzeiten erfahren werden, wenn der Gläubige sich als ein Teil Gottes erlebe. Obwohl noch den Wirkungen des früheren Karma unterworfen, sei er dann nicht mehr von ihm gebunden. Grenzenlose Liebe zu Gott sei Befreiung, ein Zustand der Seligkeit, in dem der Fromme mit Gott verbunden ist.

Kabīrpānthī

Diese Kultgemeinschaft geht zurück auf die Lehren des Dichters Kabīr, der im 15./16. Jahrhundert in der Nähe von Benares als Weber lebte. Er wurde von Muslimen aufgezogen und erhielt entsprechend einen islamischen Namen. Später wurde er ein Schüler Rāmānandas und spielte eine große Rolle bei der Verbreitung der Rāmāndī-Lehren in Nordindien.

Kabīr versuchte, Hinduismus und Islam zu versöhnen. Er ermahnte seine Anhänger, ein einfaches, tätiges Leben zu führen. Frauen wurden nach einer Probezeit in den Orden aufgenommen. Seine Lehre ist in vielem eine Reaktion auf den übertriebenen Ritualismus und die sophistischen Theorien, die sowohl den Hinduismus wie den Islam überwucherten. Er lehnte die meisten äußeren Formen des Hinduismus ab, darunter Bilderverehrung, Kastentrennung, Bußübung, Askese, Fasten, aber auch die sechs großen philosophischen Systeme. Da er jedoch nur eine begrenzte Bildung besaß, ist es unwahrscheinlich, daß er von hinduistischer Philosophie oder vom islamischen Denken viel wußte. Er betonte, Befreiung sei nur durch Hingabe möglich. Er glaubte an die Seelenwanderung: Entsprechend ihrem Verhalten auf Erden gehe die Seele nach der Folge der

Wiedergeburten in einen Himmel oder eine Hölle ein. Große Bedeutung hat für Kabīr das Wort, als Wort eines vertrauenswürdigen Lehrers und als Wort göttlicher Inspiration. Er bekannte: «Ich liebe das Wort, das mir das Nichtgesehene gezeigt hat.» Er hob die Einheit und die geistige Natur des einen Gottes hervor, den er Ram *(Rāma)* und Allah nannte.

Obwohl viele Hindus und Muslime Kabīr zu seinen Lebzeiten ablehnten, wollten nach seinem Tode die Hindus seinen Körper verbrennen, die Muslime ihn begraben. Während des Streits soll er erschienen sein und die Streitenden angewiesen haben, das Tuch von seinem Leichnam aufzuheben. Als sie es taten, fanden sie nur einen Berg von Blumen.

Nach seinem Tod zerfiel die Kultgemeinschaft in zwei Hauptzweige. Die Islam-Anhänger trennten sich von den Hindu-Gefolgsleuten. Diese schlossen sich zur der Kabīrpānthī-Sekte zusammen, die im Norden und Nordwesten Indiens viele Gläubige hat.

Mehrere Sammlungen von Gedichten Kabīrs sind erhalten, die in älterem Hindi geschrieben sind. Er beschreibt die Schwierigkeiten und die Einsamkeit auf dem langen spirituellen Weg bis zur letzten Verschmelzung mit dem Einen, in der alle Dualität verschwindet und alle Gegensätze versöhnt sind.

Kabīrs Lehre und Dichtung beeinflußten Nānak Shah (1469–1538), den Stifter der Kultgemeinschaft der Sikhs; einige Gedichte Kabīrs wurden in die heilige Schrift der Sikhs, *Ādi Granth*, aufgenommen. Er beeinflußte auch Dādū, den Stifter der Dādūpanthī-Gemeinschaft.

Dādūpanthī

Diese Reformbewegung wurde von Dādū (1544–1603) begründet, einem früheren Anhänger Kabīrs. Dādūs Schriften sind unter dem Namen *Bānī* bekannt. Er verwarf die Kastengrenzen, den Bilderkult, die Wallfahrten, die Autorität des Veda und des Koran sowie alle äußeren Zeichen von Frömmigkeit. Es gab für ihn nur einen höchsten Gott, den Schöpfer und Lehrer, an dem alle Gläubigen anbetend festhalten sollen.

Dādū führte das Leben eines Familienvaters und betrachtete das Leben in der Welt nicht als ein Übel. Viele seiner Nachfolger aber waren ehelose, bettelnde Mönche.

Svāmi Nārāyana

Diese Kultgemeinschaft wurde von Sahajānanda, einem um 1780 geborenen Brahmanen gestiftet. Er war abgestoßen von der Verderbtheit sowie den Ausschweifungen der Führer der Vallabha-Kultgemeinschaft und wollte sie bloßstellen. Svāmi Nārāyana war ein aufrechter, großzügiger und asketischer Mann; er gewann viele Anhänger und erregte so die Eifersucht der Brahmanen von Ahmedabad. Deshalb zog er etwa zwölf Meilen weiter nach Jetalapur, wohin ihm noch mehr folgten. Später zog er sich in ein abgeschiedenes Dorf zurück und errichtete einen Tempel für Nārāyana, also Vishnu-Krishna, seine höchste Gottheit. Er lehrte die vollkommene Hingabe an Krishna, das Einhalten von Pflichten und das reine Leben. Das Trinken von berauschenden Getränken, das Essen von Fleisch und das Töten aller Lebewesen sind nach seiner Auffassung verboten, verpflichtend dagegen Wallfahrten zu heiligen Stätten, vor allem zu Krishnas Stadt Dvārakā in Gujarat.

Die Anhänger des Svāmi Nārāyana gehören zwei

große Gruppen an: den Sadhus, den ehelosen «heiligen» Männern, und den Grihasthas, den Familienvätern. Wie andere große religiöse Führer wird Svāmī Nārāyana von seinen Anhängern als Teil-Inkarnation Vishnus verehrt.

11. Der Shiva-Kult

Shiva-Bild und Shiva-Verehrung

Shiva, einer der großen Götter des Hinduismus, ist wie Vishnu eine komplexe Gottheit, deren Ursprung sich in ferner Vorzeit verliert. Seine ambivalenten Eigenschaften gehen zurück auf die Verschmelzung mehrerer, ursprünglich selbständiger Stammesgottheiten dravidischen, arischen und heimischen Ursprungs. Sein Kult umfaßt vergeistigte Glaubensanschauungen ebenso wie abstoßende Bräuche und Riten. Der Shivaismus ist eng verbunden mit Yoga und Magie; er neigt viel stärker zu den Extremen religiösen Eifers als der Vishnu-Kult.

Der Shivaismus trat in den Zeiten nach den *Upanishads* in den Vordergrund und existierte friedlich neben dem blühenden Vishnu-Kult. Manchmal überschnitten sich Shivaismus und Vishnuismus, etwa in der Vorstellung der Dreigestalt *(trimūrti)*, in der Brahmā, Vishnu und Shiva als «Drei in Einem», als die drei Erscheinungsformen des einen höchsten Wesens betrachtet wurden.

Als ein Glied der Dreigestalt verkörpert Shiva die auflösende Kraft *(tamas-guna)* in der Weltentwicklung. Alles, was entsteht oder geboren wird, bewegt sich unvermeidlich auf Verfall und Tod zu. Dazu gehört auch das Weltall, das sich in Milliarden von Jahren entfaltet und schließlich in einem Zustand der Gestaltlosigkeit auflöst. Shiva ist sowohl der Ursprung der Welt wie ihrer Zerstörung, und er allein bleibt am Anfang und am Ende der Welten, denn er ist der Grund des Daseins. Jenseits von ihm gibt es nur Nicht-Dasein (*Shvetāshvatara-Upanishad* 4,18).

Shiva wird mit dem erschreckenden vedischen Gott Rudra gleichgesetzt. «Shiva» bedeutet allerdings «freundlich» – ein besänftigender Euphemismus, der ursprünglich für Rudra gebraucht und später zum Eigennamen des Gottes Shiva wurde.

Der Shivaismus ist lange die Religion der Massen und das Sammelbecken esoterischer Lehren gewesen. Sie wurden durch viele Generationen von Eingeweihten weitergegeben, die damit manche Hochform des metaphysischen Denkens bewahrten, auch in Zeiten des Krieges, des Niedergangs, der Hungersnot und anderer Katastrophen.

Shiva erschafft und verkörpert alle Aspekte der Dynamik der Natur, die alles von der Geburt bis zum Tod weiterträgt. Daher kann er als Ardhanarīshvara dargestellt werden, eine hermaphroditische Gestalt, die zugleich die männlichen und weiblichen Aspekte des göttlichen Wesens verkörpert. Ebenso kann er als Stier, die Verkörperung seiner männlichen Kraft, gesehen werden oder als Verbindung von Schoß *(yoni)* und Phallus *(lingam)*. Als Natur wirkt Shiva durch den Menschen und alle Lebewesen, aber nicht unbedingt *für* sie. Seine Aufgaben im Kosmos werden ohne jede Bindung an die Ergebnisse erfüllt. So wurde er zum Vorbild für Asketen und Yogis, die sich bemühten, alle Handlungen in innerer Freiheit von den Wirkungen auszuführen.

Shiva bringt den fruchtbaren Regen, aber auch gefährliche Überschwemmungen und erntevernichtenden Hagel. In seinem Gefolge sind die Scharen der Toten und heulende Hunde. Seine vielen Namen, Attribute und Beinamen bezeichnen seine verschiedenen Funktionen. Als Verkörperung der auflösenden Kraft der Zeit heißt er Kāla und ist geschmückt mit Kränzen aus menschlichen Schädeln, der Körper von Schlangen umwunden, dem Symbol für die Zyklen der Zeit. Da die verstreichende Zeit unvermeidlich zum Tode führt, wird er Mahākāla oder Hara, der «Vernichter», genannt. Er soll auf Bestattungsplätzen oder Schlachtfeldern tanzen. Seine Gläubigen aber können hoffen, denn er ist auch der Tod des Todes, der seinen Anhängern Unsterblichkeit verleiht. Als Herr der Berge und der einsamen Gegenden ist der Girīsha. Als Herr der Tiere und der Jäger ist er Pāshupati, der die Zerstörung des Lebens durch Jagd, Krieg und Krankheit verkörpert; als Herr der Dämonen *(bhūtas)* ist er Bhūtanātha. Als höchster, in Askese und Meditation vollkommener Yogi ist er Mahāyogī; als Guru des Yoga-Wissens, der Musik und des Veda ist er Daksināmūrti, die Verkörperung der Yoga-Kraft, welche die Bindungen des individuellen Geistes an die Welt zerstört und so Befreiung verleiht. Als Spender der Seligkeit, die aus absolutem Wissen erwächst, ist er Shankara; als der transzendente Herr des göttlichen Wissens Maheshvara. Dieser bezeichnet den Zustand, in dem alle Gestalt und alle Form ein Ende hat. Maheshvara faßt auch die drei Energien in sich zusammen, aus denen Wissen erwächst: Verstandeskraft *(jñāna)*, Wille *(ichchā)* und Tat *(kriyā)*. Daher wird er angerufen, um seinen Gläubigen intellektuelle Leistungen zu ermöglichen. Als der kosmische Herr des Tanzes, Natarāja, verkörpert er die universale Energie, die sich in seinen fünf Wirkungsbereichen ausdrückt: die Ausfaltung oder «Schöpfung» der Welt; ihre Erhaltung; ihre Zerstörung; das Verbergen seiner Natur in der

Entwicklung der Welt; das Erweisen von Gnade gegen seine Gläubigen.

Die verschiedenen und oft widersprüchlichen Attribute, die Shiva zugeschrieben werden, zwingen den Menschengeist, in seiner Vorstellung vom Göttlichen über die begrenzte, menschliche Perspektive hinauszugehen und die grundsätzliche Unerforschlichkeit des Göttlichen wahrzunehmen.

Shiva wird allgemein in der Gestalt des Phallus *(lingam)* verehrt, Quelle der Form und des Lebens, untrennbar mit dem Samen der Auflösung und des Todes verbunden. Das weibliche Gebärorgan *(yoni)* stellt Shiva Shakti dar, die Verkörperung seiner kosmischen Energie. Wenn *lingam* und *yoni* zusammen dargestellt werden, bedeuten sie die zwei Zeugungskräfte des Weltalls. Die gleiche Vorstellung kann auch durch die hermaphroditische Gestalt Ardhanarīshvara repräsentiert werden, die in ihrer rechten Körperhälfte männlich, in ihrer linken weiblich dargestellt wird, Gipfelpunkt aller männlichen und weiblichen Formen. Ihre Verbindung in einem Leib bezeichnet das aller Vielfalt zugrundeliegende Eine. Die frühen *lingams* wurden realistisch dargestellt, die späteren seit der Gupta-Zeit wurden so stilisiert, daß sie nur Shiva-Anhängern oder Kennern des Shivaismus verständlich waren.

Einige *Purānas* setzen die ganze Schöpfung mit Shiva gleich; sie bedienen sich der Lehre von seinen fünf Gesichtern – Īshāna, Tatpurusha, Aghora, Vāmedeva und Sadyojāta – und von seinen acht Gestalten, die ursprünglich selbständige Lokalgottheiten waren: Sharva, Bhava, Pāshupati, Īshāna, Bhīma, Rudra, Mahādeva und Ugra. Die fünf Gesichter werden personifiziert als die Herrscher über die fünf Himmelsrichtungen, also die vier Richtungen des Kompasses und den

Zenit, die Gesamtheit der räumlichen Ausdehnung. Die acht Formen stellen die fünf Elemente dar – Äther, Luft, Feuer, Wasser, Erde –, dazu die Sonne, den Mond und das individuelle Selbst *(jīva)* oder den Opfernden. Aus dieser Sicht sind Shiva und die Welt eines. Diese Lehre wird von den Gläubigen der Shaiva-Siddhānta-Kultgemeinschaft abgelehnt; denn sie betrachten Shiva als den Herrn der Welt, der von ihr wesensverschieden ist, da Verehrung ein Subjekt und ein Objekt verlangt. Die *Shvetāshvatara-Upanishad* lehrt, daß Shiva sowohl transzendent wie immanent ist, die materielle und die wirkende Ursache des Weltalls.

Obwohl der Shivaismus, anders als der Vishnuismus, keine vielschichtige Inkarnationslehre entwickelt hat, betrachtet er Shiva als Haupt einer Familie von Gottheiten, die alle zu Kultobjekten wurden. Zu ihnen gehört Ambika, Shivas Gemahlin. Sie ist die Große Mutter, mit der die Mütter *(matrikās)* späterer Glaubensanschauungen verbunden sind, und genießt die höchste Verehrung im Shākta-Kult. Ambika hat viele Namen, darunter Pārvatī, Umā, Gaurī, Durgā und Kālī. Sie ist allein oder mit Shiva auf den Münzen von Huvishka dargestellt, was darauf hindeutet, daß sie auch eine selbständige Göttin war. Auch Shivas Söhne, Skanda und Ganesha, wurden zu Kultobjekten. Ganesha gehört zu den fünf großen Göttern und wird auch von Vishnu-Anhängern verehrt. Halb Mensch und halb Tier, verkörpert er die Einheit der Gegensätze und die Einheit von Gott und Mensch, wie in dem Satz «Das bist du» *(tat tvam asi)*.

Der Shivaismus erlebte eine Hochblüte unter der Gupta-Dynastie, ab 320 n. Chr., obwohl die Herrscher selbst meist Vishnu-Anhänger waren. In Südindien war der Pallava-König Mahendravarman, der etwa 600–630 lebte, zuerst ein Jaina und später ein Shiva-Anhänger. Er baute mehrere prächtige, Shiva geweihte Tempel und gab damit ein Beispiel, das von seinen Nachfolgern übernommen wurde. Der königliche Schutz trug bedeutend zur Volkstümlichkeit des Shivaismus bei, ebenso die mystischen religiösen Dichtungen der Nāyanmārs oder Adiyars. Sie sind durchdrungen von einem Gefühl der Unwürdigkeit des Menschen gegenüber der Heiligkeit Gottes; aus ihm entwickelte sich eine Vorstellung von göttlicher Gnade, die dem Frommen durch gänzliche Hingabe an Shiva auf dem Weg zur Befreiung hilft. Gegen Ende des 11. Jahrhunderts wurden die Hymnen und Gedichte gesammelt; in Verbindung mit anderen Schriften sind sie als der «Tamil-Veda» bekannt.

Asketen des Shivaismus können an waagrechten Farbstreifen auf der Stirn erkannt werden, die des Vishnuismus tragen senkrechte Zeichen.

In Shiva sind alle Gegensätze versöhnt und überschritten: Gut und Böse, Lust und Schmerz, Gesundheit und Krankheit, Leben und Tod. Daher kann er als der leidenschaftliche Liebhaber seiner Gemahlin und als der höchste Yogi dargestellt werden, der von allen erotischen oder anderen weltlichen Begierden und Bindungen befreit ist. Als Natarāja, der König des Tanzes, verkörpert er die Ganzheit der Weltentwicklung, eine allwissende kosmische Kraft, die immer aufs neue Myriaden von Geschöpfen erschafft und zerstört.

Shaiva-Kultgemeinschaften

Pāshupata

Diese Gemeinschaft ist nach dem Zeugnis ihres Namens und Shivas Titel «Herr der Tiere» (*pashu*, «Tier»;

pati, «Herr») vermutlich der älteste bekannte Shiva-Kult. Shiva hilft seinen Geschöpfen, die Fesseln *(pāsha)* der materiellen Welt zu überwinden. Ursprünglich war Pāshupati die Schutzgottheit des Viehs, von dem Wohlstand und Reichtum der Gemeinschaft abhingen. Mit Pāshupati verschmolzen dann mehrere Lokalgötter von Hirten und Ackerbauern; das erklärt die Verbreitung des Kults in ländlichen Gemeinschaften und bei Händlern. Pāshupati ist der Hirte aller Geschöpfe, der Freund und Führer jedes Lebewesens, der Beschützer des irdischen Überflusses. Der Kult erlebte seine Blüte vom 7. bis 11. Jahrhundert in Orissa und in Westindien und verbreitete sich schon früher auf der Insel Java.

Der Stifter oder Systembildner des Pāshupata war Lakulīsha, der als eine Inkarnation Shivas gilt. Lakulīshas besonderes Symbol war eine Keule *(lakuta)*. Er wird meist nackt und mit aufgerichtetem Phallus dargestellt, nicht zum Zeichen sexueller Erregung, sondern sexueller Selbstbeherrschung durch Yoga-Methoden. Das Zurückhalten des Samens soll die Kraft und Energie des Yogi steigern.

Der wichtigste Text der Kultgemeinschaft ist das *Pāshupata-Sūtra*, das Lakulīsha zugeschrieben wird. Es befaßt sich vor allem mit Ritual- und Regelvorschriften, enthält aber auch Lehren des Sāmkhya-Yoga und des Vaisheshika.

Nach einer Inschrift des 13. Jahrhunderts hatte Lakulīsha vier wichtige Schüler, die vier untergeordnete Gemeinschaften begründeten. Nach dem 6. Jahrhundert gab es in Nordindien eine Anzahl Pāshupata-Tempel, aber um das 11. Jahrhundert erlebte die Bewegung ihren Niedergang.

Für den Pāshupata ist das letzte Ziel, die ewige Vereinigung mit Shiva zu erreichen und so allen Schmerz und alles Leiden zu überwinden. Stufen auf dem Weg zu diesem Ziel sind: in einem Tempel zu dienen, nur ein einziges Kleidungsstück zu tragen oder nackt zu sein. Der Körper wird mit heiliger Asche gezeichnet, die den Samen Shivas darstellt. Shiva, dessen Körper «aus Energie gemacht» ist, wird zum Kultobjekt und zum Vorbild. Der Gläubige tanzt verzückt, lacht oder brüllt einem Stier ähnlich. Dadurch soll er yogische Kräfte gewinnen und von der Gottheit besessen werden. Später verläßt er den Tempel und entfernt die Zeichen seiner Gemeinschaft; er benimmt sich anstößig und wie von Sinnen, um sich dem Gespött und dem Abscheu der orthodoxen Hindus preiszugeben. Die Verspottung durch die anderen wirkt gegen das negative Karma des Frommen und führt ihm das Verdienst derer zu, die ihn verachten. Das anstößige Verhalten ist ein Mittel, ihn von der normalen Gesellschaft abzutrennen und einen Zustand ruhiger Gelassenheit in ihm zu erzeugen; danach soll er in einer Höhle, in einem verlassenen Gebäude oder auf einem Bestattungsplatz wohnen. Die übrigen Stufen bestehen in immer schwierigeren asketischen Übungen, die zu einer vollkommenen Beherrschung der Sinne führen.

Nach langer, harter Übungszeit erreicht der Gläubige einen übermenschlichen Leib wie Shivas Körper, und er teilt die Allmacht und das Wesen des Gottes – eine Vorstellung, die auf tantrische und schamanische Elemente des Kultes hinweist. Shiva aber ist ewig, gänzlich unabhängig von der Materie und von den Seelen, die von ihm abhängen und ewig mit ihm verbunden sind. Der Pāshupata ist die einzige Bewegung, für welche die Befreiung mit dem Erreichen von übernatürlichen Kräften verbunden ist.

SHAIVA-SIDDHĀNTA

Shaiva-Siddhānta, auch Āgamānta-Shaiva genannt, ist ein wichtiges südindisches System des pluralistischen Realismus: Es akzeptiert die Realität der Welt und die Pluralität der Seelen. Die höchste Gottheit ist Shiva, der als ewig und unberührt von Auflösung und Entstehen der Welten gedeutet wird.

Die Bewegung erwuchs teilweise aus den Hymnen der frühen Heiligen des Shivaismus, denen Shivas Gnade mystisch offenbart worden war, und teilweise aus der bedeutenden religiösen Dichtung der Nāyanmārs vom 7. bis 10. Jahrhundert, der Entsprechung zu den Ālvārs, den zwölf Dichter-Heiligen im Vishnuismus.

Die vier Gruppen autoritativer Texte der Kultgemeinschaft sind: die Veden, die achtundzwanzig *Shaiva-Āgamas*, die zwölf *Timurai*, die vierzehn *Shaiva-Siddhānta-Shāstras.* Obwohl die Veden hoch geschätzt werden, sind die esoterischen *Āgamas* wichtiger, weil Shiva selbst sie seinen Gläubigern offenbart haben soll. Die *Siddhānta-Shāstras* wurden vom 13. bis frühen 14. Jahrhundert von einer Folge von sechs Lehrern geschrieben, die zumeist Nicht-Brahmanen und von niederer Herkunft waren. Sie wendeten sich gegen die Kastentrennung – ein Grund für die Volkstümlichkeit der Bewegung. Dazu kam, daß der größte Teil ihrer Literatur nicht in Sanskrit, sondern in Tamil abgefaßt war. Unter den Tamil-Texten sind auch die der drei großen Lehrer des Shivaismus: Appar, Tirujñāna-Sambandhar und Sundaramūrti.

Der erste systematisierende Lehrer des Tamil-Shivaismus war im 13. Jahrhundert Meykantar mit seinem Werk *Shivajñānabodham.* Die Wirklichkeit besteht für ihn aus Pati, dem Herrn und persönlichen Schöpfer, aus *pashu*, der Seele (wörtl. «Tier»), und *pāsha* («Fessel»), der Materie. Die Seele ist an die Materie gebunden und kann nur durch Shivas Gnade *(prasāda)* von ihr befreit werden – eine Auffassung, die der Karma-Lehre widerspricht. Um der Gnade würdig zu sein, muß der Gläubige besondere asketische Übungen durchführen, sich vertieft der Meditation hingeben und Shiva, dem Erlöser, uneingeschränkt ergeben sein. Durch die Aufnahme der Gnade erfährt die Seele mystisch ihr wahres Wesen in Shiva.

Die Kosmologie der Bewegung ist vielschichtig und teilweise auf die vierundzwanzig *tattvas* des Sāmkhya-Systems gegründet, ebenso auf die fünf *shivatattvas*, die reinen Prinzipien, und die sieben *vidyātattvas*, die Kategorien des Wissens. Die *shivatattvas* sind mit Shiva nicht identisch, der transzendent und daher unveränderlich ist. Aber sie sind durchwirkt von seiner Energie und werden so in die Welt der Materie und ihre Bewohner verwandelt. Obwohl der Herr die Seelen erleuchtet und die Materie stützt, wird er von beiden nicht berührt. Für seine Anhänger ist dieses System dem Sāmkhya überlegen, denn die zusätzlichen *tattvas* verschaffen ihnen Zugang zu mehr Wahrheiten.

Die Seele gilt als ewig, gestaltlos und alles durchdringend. Daher kann sie sich mit ihrer zeitlichen Behausung, dem jeweiligen Körper, verbinden. Wenn sie sich den materiellen Dingen angleicht, wird sie vor allem grobstoffliche Merkmale annehmen und sich dadurch immer weiter von Gott entfernen; wenn sie sich aber Gott angleicht, wird sie göttliche Merkmale annehmen. Da sie allein aus sich heraus nichts wissen kann, vermag sie nur durch Shivas Gnade das Göttliche zu wissen. So kann der Fromme wissend oder unwissend werden, je nachdem, ob Shiva ihn seine Gnade erfahren läßt, die zwar in jeder Seele immanent ist, aber vielen verborgen bleibt, weil sie durch Selbstsucht verdunkelt wird. Shiva ergreift Besitz von der ganz «vergeistigten» Seele, die ihm gleich wird, seine Seligkeit und seine Weisheit teilt, aber das individuelle Bewußtsein beibehält. Diese dualistische Auffassung ist allen Frömmigkeitsbewegungen gemeinsam, für welche die Vereinigung mit Gott nie die Auflösung der individuellen Seele bedeutet, wie etwa in der nicht-dualistischen Lehre des Vedānta von der totalen Verschmelzung mit *brahman*. Das Ziel des Shaiva-Siddhānta ist ein Zustand ewiger Seligkeit, die Erfahrung der Einheit in der Dualität.

Heute hat der Shaiva-Siddhānta die meisten Anhänger in tamilsprachigen Regionen, darunter im nördlichen Sri Lanka.

Kaschmir-Shivaismus

Der Kaschmir-Shivaismus, auch Trika-System genannt, ist ein «dreifaltiges» *(trika)* monistisches System, das in Kaschmir von Abhinava Gupta (993–1015), gestützt auf die Lehren früherer Seher, entwickelt wurde. Er schrieb mehrere Kommentare zu dem heute verlorenen *Shivadrishti* von Somananda, dessen vierter Nachfolger er war. Erhalten ist eine Zusammenfassung dieses Werkes, die *Pratyabhijña-Sūtras*, von Utpāla, einem Schüler Abhinavas.

Ein anderer Weiser, Vasugupta, der im 9. Jahrhundert lebte, lehrte, die Seele könne durch intensive Yoga-Meditation Wissen gewinnen. Daraus erwachse die Schau des Parama-Shiva, des «höchsten Shiva», der höchsten Seele des Weltalls. Danach werde die individuelle Seele mystisch in Shiva aufgenommen.

Der Name Trika bezieht sich auf die dreifaltige Schrift, die aus den nicht-kanonischen Āgamas gewonnen wurde. Das System wurde durch Lehren des Sāmkhya, des Advaita-Vedānta und des Pāñcharātra beeinflußt. Es bestehen auch Ähnlichkeiten mit den Lehren des südindischen Shivaismus, obwohl philosophisch viele Unterschiede vorhanden sind; die Kaschmir-Schule ist in ihren metaphysischen Anschauungen idealistisch, die andere dagegen pluralistisch. Wahrscheinlich haben Shiva-Gläubige aus Kaschmir die Lehre nach Südindien gebracht.

Größte Bedeutung in diesem religiösen System hat die Initiation. Durch Shivas göttliche Gnade soll der Gläubige einen erfahrenen Guru finden, der ihn einweisen kann. So wird die «wirkende Kraft» *(krīyāshakti)* in der Seele erweckt, die schließlich zur Befreiung führt.

Shiva gilt hier als der *ātman* in allen Lebewesen und Gegenständen, wie auch im ganzen Weltall. Aus seinem reinen Wesen, das ewiges, einiges Bewußtsein ist, entfaltet sich das Universum und alles in ihm. Daher ist jedes Lebewesen und jeder Gegenstand ein Aspekt der Letzten Wirklichkeit. Die individuelle Seele oder der einzelne Geist ist eine Begrenzung des Göttlichen durch Unwissenheit. Obwohl es vom Wesen her unbegrenzt und frei ist, kann sich Shivas Bewußtsein freiwillig begrenzen, indem es andere Wesenheiten aus sich entfaltet und später wieder in sich zurücknimmt. Da Shiva ewig und unveränderlich ist, bleibt er davon unberührt, und sein wirkliches Wesen wird nur durch seine *māyā* verdunkelt. Wenn der Fromme aber seine Einheit mit ihm erfährt, tritt die Befreiung ein. Shivas transzendenter Aspekt ist nicht erkennbar, sein immanenter Aspekt hingegen tritt als seine Shakti in Erscheinung, obwohl sie zutiefst eines sind.

Shivādvaita

Dieses von Shrīkantha entwickelte System entspricht in manchem dem Shaiva-Siddhānta und dem Kaschmir-Shivaismus, hat jedoch auch besondere Merkmale.

Shrīkanthas Lehre stützt sich auf den *Vedāntasāra*. Der höchste Shiva, Para-Shiva, wird gleichgesetzt mit *brahman*, dem materiellen und wirkenden Grund der Welt. Dieses manifestiert sich in Para-Shakti, der Kraft des *brahman*, zugleich Verkörperung der Weisheit, Stärke und kosmischen Energie. Die Befreiung soll durch tiefe Meditation über Shiva erreicht werden. Aus ihr erwächst das Wissen, daß Shiva mit dem individuellen Selbst identisch ist. Auf diesem Wege geht der Gläubige über alle Begrenzungen hinaus und setzt sich mit dem Unbegrenzten gleich. Überaus wichtig ist die regelmäßige, tägliche Meditation, denn durch sie wird der Fromme zu dem, worüber er meditiert.

Nach dem Tode durchläuft die Seele den Weg der Götter, und sie überquert den Fluß Virajā, hinter dem das Reich Shivas liegt. Wenn sie an den Fluß kommt, fallen alle Unreinheiten von ihr ab, und ihre endgültige Befreiung ist erreicht. Jetzt erfährt sie eine Seligkeit, weit größer als alles, was sie auf Erden erlebte, denn nun ist ihr wirkliches Wesen offenbar, und sie leuchtet aus sich selbst.

Kāpālika und Kālāmukha

Die beiden ungewöhnlichen tantrischen Kultgemeinschaften, welche die Lehren der Veden ablehnten, erlebten ihren Höhepunkt vom 10. bis zum 13. Jahrhundert besonders in Mysore. Sie waren vermutlich Ableger der Pāshupata-Bewegung. Die Mannigfaltigkeit der Schöpfung reduzierte sich für sie auf zwei Elemente: der Herr und Schöpfer sowie die Schöpfung, die aus ihm hervorging.

Leider sind keine Schriften der Gemeinschaften erhalten, aber seit dem 7. Jahrhundert finden sich empörte, abwertende Bemerkungen über sie in den *Purānas* und anderen Texten.

Nach dem Zeugnis einiger Inschriften und literarischer Werke entstand die Kāpālika-Bewegung etwa im 6. Jahrhundert im Dekkan oder in Südindien. Um das 8. Jahrhundert begann sie sich im Norden auszubreiten; um das 14. Jahrhundert war sie nahezu erloschen. Ihr Niedergang wurde beschleunigt durch den Aufstieg der volkstümlichen Lingāyat-Bewegung; vielleicht verschmolz sie auch mit anderen tantrischen Gemeinschaften des Shivaismus, z. B. den Kānphatas oder den Aghorīs.

Die Kāpālikas, «Schädelträger», waren Mitglieder einer alten asketischen Kultgemeinschaft, die vor allem die erschreckenden Aspekte Shivas verehrte: Mahākāla, die Zeit als Zerstörer; Kāpālabhrit, «der einen Schädel trägt»; Bhairava, «der Furchterregende». Sie bedienten sich vor allem magischer Bräuche, die zu den «Vollkommenheiten» *(siddhis)* führen sollten. Zur Empörung orthodoxer Hindus mißachteten sie bewußt alle gesellschaftlichen und religiösen Konventionen: Sie aßen Fleisch, tranken berauschende Getränke und gebrauchten die rituelle geschlechtliche Vereinigung als Mittel, die Wesensgleichheit mit Shiva zu erreichen und seine göttliche Seligkeit in der Verschmelzung mit Shakti zu erfahren. Viele der Sexualriten fanden im Frühling oder im Herbst statt; sie gingen vermutlich auf archaische, vor-indoeuropäische Fruchtbarkeitskultformen zurück. Die Gläubigen aßen aus Schalen von Menschenschädeln und verehrten Shiva durch Opfer aus einem Weinkrug.

Sie trugen einen dreigeteilten Stab, ein Gefäß und eine kleine Keule mit schädelförmigem Kopf bei sich.

Die meisten orthodoxen Hindus, darunter Madhva und Rāmānuja, lehnten diese extremen Sekten ab, denn ihre Anhänger verstießen bewußt gegen die gesellschaftliche Ordnung göttlichen Ursprungs, den *dharma*. Doch stützen sich die Exzesse und die Grausamkeiten solcher tantrischen Kultgemeinschaften auf die Vorstellung, der Mensch könne erst dann vollkommen frei werden, wenn er die Begrenzungen der Gesetze und die ethischen Regeln der konventionellen Gesellschaft überschreite.

Die Lehren beider Bewegungen sind ähnlich. Beide übernahmen das Große Gelübde *(mahāvrata)*, dessen ursprüngliche Bedeutung heute unbekannt ist, und für beide war Yoga verpflichtend. Menschenopfer und Weinopfer wurden Bhairava und seiner Gemahlin Chandikā dargebracht.

Die Kālāmukhas hatten ihre größte Verbreitung vom 11. bis zum 13. Jahrhundert im Karnataka-Gebiet. Sie tranken aus Schädelgefäßen als Mahnung an die Vergänglichkeit des Menschen, und sie zeichneten ihre Körper mit der Asche von Leichen.

Aghorī

Die Aghorīs waren eine heute erloschene tantrische Randbewegung, die sich angeblich aus zwei Gruppierungen zusammensetzte: den Reinen *(shudds)* und den Unreinen *(malins)*. Die Aghorīs waren die Nachfolger der Kāpālika-Gemeinschaft. Zu den von ihnen verehrten weiblichen Gottheiten gehörten Sītālā, Parnagiri Devī, die Schutzgöttin der Asketen, und Kālī. Wie auch sonst im Tantrismus wurden Gurus hoch verehrt.

Alle religiösen oder Kastenunterschiede wurden verworfen, die Bilderverehrung abgelehnt, alle Gläubigen mußten unverheiratet bleiben. Kannibalismus, Tieropfer und andere grausame Riten waren üblich. Die Gläubigen aßen Abfall aller Art, auch Exkremente; nur Pferdefleisch war verboten. Wie der Dung in der Natur den Boden fruchtbar macht, so sollte das Essen von Exkrementen den Geist befruchten und ihn für jede Art von Meditation bereitmachen.

Die Aghorīs führten ein unstetes Wanderleben. Jeder Guru ließ sich von einem Hund begleiten, ganz wie Shiva in seinem furchterregenden Aspekt als Bhairava. Die Yogis der Aghorīs wurden begraben, nicht verbrannt; sie sollten dann in einen Zustand ewiger tiefer Meditation eingehen.

Vīrashaiva

Diese südindische Kultgemeinschaft, der «heroische Shivaismus» oder Lingāyat, bekannte sich zu einem bedingten Nicht-Dualismus, Vishishtādvaita, der sich im 12. Jahrhundert entwickelte. Da die wichtigste heilige Schrift der Vīrashaivas, *Shūnyasampādana*, den Namen Lingāyat nicht kennt, ist er ihnen wahrscheinlich von Andersgläubigen gegeben worden, weil sie sich auf den Phallus *(lingam)* als das einzige wahre Symbol der Gottheit konzentrierten.

Basava war der Stifter oder zumindest der systembildende Denker der Gemeinschaft. Er entstammte einer shivaitischen Brahmanenfamilie, lehnte aber schon von früher Jugend an viele orthodoxe Bräuche ab. Mit sechzehn Jahren verließ er sein Zuhause und zog zu dem Wallfahrtsort Samgama. Dort bemühte er sich, den Shivaismus zu reformieren: durch Beseitigung der Kastengrenzen, des Verbots der Wiederverheiratung von Witwen und der Opferpraxis. Später wurde er Minister bei dem Usurpator-König Vijjala, der in Kalyānī regierte. Während dieser Zeit bekehrte er viele Jainas zu seiner Gemeinschaft. Seine unorthodoxen Anschauungen führten jedoch zu Spannungen zwischen dem König und seinen Untertanen, und so verließ er den königlichen Dienst. Nach Basavas Tod im Jahre 1168 wurden seine Glaubensgenossen verfolgt, doch bis heute hat die Bewegung viele Anhänger, vor allem in Andhra Pradesh und Mysore.

Jeder Gläubige erhält bei der Initiation ein Bild des *lingam* und verehrt es täglich. Er trägt es in einem Behälter am Hals oder hält es während der Anbetung in der Hand. Die Initiation ersetzt die Verleihung des heiligen Fadens und findet üblicherweise in der Kindheit statt. Wenn ein Kind in die Gemeinschaft aufgenommen wird, blickt ihm bei der Initiation der Guru aufmerksam in die Augen und legt ihm die Hand auf den Kopf. Damit will er das geistige Prinzip aus dem Körper des Kindes ziehen und in das schon geweihte *lingam* übertragen. Dieses wichtige Ritual wird so zu einer spirituellen Wiedergeburt.

Obwohl alle, die das *lingam* tragen, vor Gott gleich sind, kamen später doch Kastenunterscheidungen auf. Basava lehrte, jeder Mensch sei ein Tempel und könne daher Shiva unmittelbar anbeten, ohne die Hilfe von Priestern, Ritualopfern, Fasten oder Wallfahrten. Aber die Kultgemeinschaft führte später eigene Priester ein, die *jangamas*, die als Inkarnation Shivas galten. Die Bewegung hat keine Tempel, sondern nur Gedenkstätten. Die Zeremonien und ihre Regeln ähneln denen des brahmanischen Rituals. Die Frauen sind den Männern gleichgestellt, und viele wählen ihren Gatten selbst.

Die Vīrashaivas glauben, die Welt und die einzelne Seele gehe aus Shivas Substanz selbst hervor. Die wichtigste Aufgabe der Seele ist die Rückkehr zu ihrem Ursprung. Sie wird erreicht durch Initiation mit einem Guru, durch beständige Meditation und Anbetung Shivas, besonders in der Gestalt des *lingam* als Ursprung des Lebens und des Todes, Anfang und Ende von Welten ohne Zahl.

Den Gläubigen sind vor allem verboten: Stolz, Unehrlichkeit, Bosheit; Tieropfer, Essen von Fleisch und Trinken von berauschenden Getränken; Astrologie; Verheiratung von Kindern, sexuelle Zuchtlosigkeit, Verbrennung der Toten. Die Feuerbestattung ist verboten, weil im Tod der Fromme unmittelbar zu Shiva kommen soll und immer seines Schutzes gewiß sein kann. Die Angehörigen dieser Glaubensgemeinschaft sind bekannt wegen ihrer hohen Moral und ihres sittlichen Verhaltens.

Kānphata-Yogis oder Goraknāthīs

Der aus Ostbengalen stammende Goraknāth systematisierte die älteren Lehren dieser Bewegung. Seine Anhänger setzen ihn mit Shiva gleich. Goraknāth war vermutlich eine bemerkenswerte historische Persönlichkeit des 9. Jahrhunderts; große Kräfte in Magie und Alchemie wurden ihm zugeschrieben. Er verschmolz die Lehren des Pāshupata mit denen des Tantrismus und des Yoga.

Die ungewöhnliche Asketengemeinschaft ist erkennbar an den aufgeschlitzten Ohren (*kan*, «Ohr»; *phata*, «aufschlitzen») und an großen Ohrringen aus Achat, Horn oder Glas, die bei der Initiation verliehen werden.

Die Anfänge der Gruppierung liegen im Dunkeln. Die Anhänger führen ihre Glaubenssätze auf eine Zeit weit vor Goraknāth zurück, mit dem nach der Überlieferung die Methode des Hatha-Yoga verbunden ist. Die Yogis selbst sprechen von ihrer Übung als Hatha-Yoga, obwohl später eine Methode so genannt wurde, die auf völlige Beherrschung des Körpers abzielte. Die Yogis praktizierten rituelle geschlechtliche Vereinigung auf Bestattungsplätzen und gaben sich manchmal dem Kannibalismus hin. Sie sollten im Dschungel wohnen, umgeben von Tigern, die ihnen als Reittiere dienten. Im Schamanismus ist der Tiger der «Herr der Initiation»; er soll den Eingeweihten in den Dschungel tragen, der das Jenseits symbolisiert. Die Glaubensgemeinschaft hat verschiedenste Elemente aufgenommen: aus dem Shivaismus, den *Upanishads*, dem tantrischen Buddhismus, dem Vedānta, dem Volksglauben. Deswegen sprach sie besonders die noch nicht für eine hinduistische Bewegung gewonnenen Massen an. Das letzte Ziel des Gläubigen ist, durch Yoga-Übungen ewige Verbindung mit Shiva zu erlangen. Manche Texte kennen zweiunddreißig Yoga-Stellungen *(āsanas)*, im *Shiva-Samhitā* sind vierundachtzig aufgeführt, die magische und reinigende Bedeutung haben. Manche heben Krankheit, Alter und Tod auf, andere verleihen spirituelle Vollkommenheiten *(siddhis)*.

Die neun Nāthas und die vierundachtzig Siddhas spielen für die Gemeinschaft eine große Rolle, und viel Brauchtum ist mit ihnen verbunden. Ihre Deutungen der alten Lehren vollenden die Synthese der verschiedensten Elemente.

Goraknāths Lehre ist universal ausgerichtet und stellt sich gegen Kastengrenzen. Es gibt kaum Speisevorschriften, außer daß Rindfleisch und Schweinefleisch verboten sind. Alkohol und Opium sind erlaubt, und die Yogis dürfen heiraten. Die Toten werden in Meditationshaltung begraben, denn sie sind ständig im *samādhi*; ihre Gräber werden daher *samādh* genannt. Auf dem Grab sind *lingam* und *yoni* dargestellt. Das *lingam* heiligt das Grab und bedeutet, daß der Verstorbene sich mit Shiva gleichgesetzt hat; deshalb enthält das Grab nicht einen Leichnam, sondern einen «Befreiten» im ewigen Zustand tiefer Meditation.

Kānphata-Yogis wirken in Tempeln, die Bhairava, Shakti oder Devī und Shiva geweiht sind. Eine Zeitlang waren die Goraknāthis mit den Aghorīs verbunden, die verschiedene abstoßende Riten durchführten.

Heute sind die Goraknāthīs in Indien und in Nepal im Schwinden. In Nepal wurden sie in der zweiten Hälfte des 18. Jahrhunderts von den Königen gefördert, denn Goraknāth war der Stammesgott der Nepal einenden Gurkha-Dynastie.

12. Der Shakti-Kult

Onwohl Shaktismus und Tantrismus ursprünglich zwei verschiedene religiöse Bewegungen waren, sind sie jetzt eng verbunden. Beide haben ihre Mitte in der Verehrung der höchsten Gottheit Shakti, der Verkörperung schöpferischer Kraft und weiblichen Erscheinung der Letzten Wirklichkeit, *brahman*. In ihrer offenbaren Gestalt repräsentiert Shakti die Kraft des göttlichen Wesens, das belebende Prinzip des Daseins. Für das indische Denken stellt das Göttliche im Grunde das Absolute dar und kann also nirgendwo eingegrenzt werden, weil es jenseits aller Polaritäten ist. Daher ist es in der Tradition des Hinduismus möglich, Gott in männlicher, weiblicher oder geschlechtsloser Gestalt, aber auch als gestaltlos anzubeten, entsprechend der spirituellen Bildung und der natürlichen Neigung des einzelnen Gläubigen.

Die Wurzeln der Shākta-Kultgemeinschaften gehen auf einen prähistorischen Erdkult zurück; die Erde als religiöse Gestalt entwickelte sich zu der Vorstellung von der Erde als der Großen Mutter, dem Schoß und der Quelle aller Erscheinungen, Möglichkeiten und Kräfte. Die volkstümlichen Schutzgöttinnen der indischen Dörfer sind Erweiterungen dieser Vorstellung von einer großen Muttergöttin. Ihr sind mehrere archaische Elemente assimiliert worden, die entweder auf die komplexen indischen Stammeskultformen oder auf die dravidische Kultur und die Kulturen des Industals zurückgehen. Die Tatsache, daß Shakti unter vielen Namen bekannt ist, zeigt ihr vielschichtiges Wesen, das die Funktionen vieler lokaler und Stammesgöttinnen in sich aufgenommen hat.

Wenn der Shaktismus auch eng mit dem Shivaismus verbunden ist, kann er von ihm doch unterschieden werden. Das ist möglich, obwohl die Vorstellung von Shakti als der höchsten Kraft des Weltalls in der shivaitischen *Shvetāshvatara-Upanishad* bereits vollentwickelt erscheint.

Schon im *Rigveda* (10,125) verkörpert die Göttin Vāk die kosmische Energie, die später als Shakti vergöttlicht wird. Entsprechend personifiziert auch Indras Gemahlin Sachi die göttliche Kraft. Der *Atharvaveda* erwähnt kurz die Gnās («Frauen»). Das deutet darauf hin, daß lange vor dem Entstehen tantrischer Lehren die Kräfte der Natur mit weiblichen Energien assoziiert wurden. Die Gnās waren wahrscheinlich Gottheiten, die zu den Pflanzen- und Fruchtbarkeitskultformen des nicht-arischen Indien gehörten.

Die Vorstellung einer universalen Energie und einer geheimnisvollen, zeugenden und zerstörerischen Kraft der Frau ist überaus wichtig für die Entwicklung der Idee von der großen Muttergöttin, dem Ursprung der Welt der Erscheinungen. Sie verkörpert die ungeheure Energie, die sich im Überfluß der Natur und im Ganzen des Weltenablaufs offenbart, im Körperlichen wie im Seelischen. So ist Shakti im Weltgeschehen aktiv und immanent, Shiva dagegen ist nicht-aktiv und transzendent. Wenn diese Vorstellung bildlich dargestellt wird, dann liegt Shiva, mit dem kosmischen Menschen Purusha gleichgesetzt, reglos «wie ein Leichnam» unter den Füßen der dynamischen Shakti Kālī, die mit der

Natur *(prakriti)* gleichgesetzt ist, als Verkörperung der ausgefalteten Energie Gottes. Ohne die Polarität und die letzte Vereinigung der beiden Prinzipien kann nichts in der Welt geschehen. In diesem Zusammenhang repräsentiert Shiva die Ewigkeit, Shakti die Zeit, und ihre Vereinigung symbolisiert das Geheimnis der Schöpfung aus dem Gestaltlosen, *brahman*. Eine andere Darstellung von Shiva und Shakti ist die Verbindung von *lingam* für Shiva, mit dem weiblichen Geschlechtsorgan *yoni*, für Shakti, als Verkörperung der grundlegenden Einheit unter der scheinbaren Vielfalt des Weltalls. Diese Einheit wird auch verbildlicht durch Ardhanarīshvara, die Hermaphroditengestalt, die Shiva und Pārvatī – also Shakti – in einem Körper verbindet.

Um das 7. Jahrhundert war in Bengalen der Kult mehrerer Lokalgöttinnen, darunter Manasā, Sītālā und Chandī, die Göttin der Jäger, mit der Verehrung Kālīs verschmolzen, die später Shivas Gemahlin Pārvatī gleichgesetzt wurde.

Zu Shaktis vielen Namen gehört auch Durgā-Kālī. Ihr Kult in Bengalen ist eine Mischung von tiefer Hingabe, Frömmigkeit und religiöser Ehrfurcht, verbunden mit abstoßenden, grausamen blutigen Riten, die auf einen alten Stammeskult zurückgehen. Shakti gleichzusetzen ist ferner die Baumgöttin Vana-Durgā, die mit dem besonders von Frauen verehrten Geisterbaum *(pishāchadruma)* verbunden ist. Ihr pflanzlicher Aspekt wirkt mit bei der Herbstzeremonie der Navapatrikā, der neun Pflanzen, in denen je eine der neun Gestalten Durgās wohnt, um ihre Gläubigen zu beschützen. Wenn Durgā-Kālī die abstrakte Zeit symbolisiert, heißt sie Ādyashakti, das ursprüngliche, aktive weibliche Prinzip, in dem es keine Dualität gibt und alle Gegensätze versöhnt sind. Das deutet auf ihren gestaltlosen Zustand vor der Entfaltung einer neuen Welt; sobald der Schöpfungsvorgang einsetzt, entstehen Unterscheidungen in Gestalt der offenbaren Erscheinung der Göttin. Bei der Auflösung der Welt *(pralaya)* am Ende der Zeit wird Shakti wieder Ādyashakti, das gestaltlose nicht-duale Prinzip, nicht männlich, weiblich, geschlechtslos oder hermaphroditisch.

Da es die Zeit *(kāla)* nicht gibt, bevor die Göttin in Erscheinung tritt, wird sie die «Mutter der Zeit», Kālamātā, genannt. Als Verkörperung der ganzen Schöpfung ist sie Mahākālī; als Zerstörerin der Welten und der Zeit ist sie Kālaharshini. Welchen Namen und welche Gestalt sie auch annimmt, ihr Wesen bleibt unverändert.

Der lunare Aspekt der Durgā-Kālī symbolisiert die astro-kosmische Ganzheit; daher kann sie auch mit sechzehn Armen dargestellt werden, die den Teilen des Monddurchmessers entsprechen und zugleich auf die vedische Lehre hindeuten, nach der das Weltall aus sechzehn Teilen besteht. In einem anderen Aspekt ist sie verbunden mit Blut, Leben und dem Saft von Pflanzen, aus dem in einem Schöpfungsprozeß ohne Ende neue Lebensformen entstehen. Die Opferung von Ziegen und Büffeln soll ihr besonders wohlgefällig sein. Dabei werden die Tiere an eine heilige Säule gebunden, ein Symbol der Trennung des Lebens, des Todes und der Schöpfung vom Chaos, dem Gestaltlosen vor der Entfaltung der Formen.

Ursprünglich war das Tieropfer in den meisten Hindutempeln üblich, aber mit dem Vordringen von Buddhismus und Jainismus und ihrem Gebot des Nicht-Verletzens *(ahimsā)* kam es langsam außer Gebrauch. Heute ist es nur noch in einigen entlegenen Stammeskultgemeinschaften üblich, ebenso in wenigen Tempeln, die Kālī, Durgā oder den erschreckenden Erscheinungen Shivas geweiht sind. Die meisten Hindus, wie auch die meisten Shāktas, billigen sie nicht.

Wenn Shakti mit Shiva als ihrem Gatten dargestellt wird, erscheint sie unter einem günstigen Aspekt und heißt Pārvatī, Devī oder Umā, die Verkörperung vorbildlichen Frauseins, oder Mahādevī, die Große Göttin. Die ewige selige Vereinigung von Shiva und Shakti ist die Grundlage des «realistischen Monismus» der Shākta- und Shaiva-Kultgemeinschaften.

13. Der Tantrismus

Der Tantrismus ist eine Form des sakramentalen Ritualismus in mehreren esoterischen und magischen Ausprägungen. Tantrische Elemente erscheinen auch im Mahāyāna-Buddhismus, im Shivaismus, im Vishnuismus und im Shaktismus. Viele regional verschiedene tantrische Glaubensanschauungen drangen bis nach Tibet, Turkestan und China vor.

Die Tantra-Lehre geht auf die heiligen Schriften zurück, die Tantras genannt werden. Die frühesten Werke dieser reichen Literatur wurden während der Gupta-Periode verfaßt, obwohl sie auch viel früheres Material enthalten. Für Tantristen haben die Tantras die gleiche Autorität wie die Veden, und sie sind daher als der «fünfte Veda» bekannt. Der Tantrismus entwickelte sich vor allem in Nordwestindien entlang der afghanischen Grenze, in Westbengalen und Assam, den weniger «hinduisierten» Gebieten, und er hat deshalb viele nicht-arische Züge aufgenommen.

Die Initiation *(dīkshā)* und der Empfang eines bestimmten Mantra von einem anerkannten Guru sind in den tantrischen Kultgemeinschaften von größter Bedeutung: Der Eingeweihte ist damit «wiedergeboren» und hat das notwendige esoterische Wissen verliehen bekommen, das ihn zur Befreiung führen kann. Es entwickelten sich neue Formen der Askese, darunter die

Sublimierung der sexuellen Vereinigung als Nachbildung der Vereinigung von Shiva und Shakti. Sie bedeutet die Wiedervereinigung der ursprünglichen Polarität, aus der die Welt der Vielfalt entstand.

Aus der Verehrung Shaktis soll große Kraft entstehen, aber vom philosophischen Standpunkt aus ergibt sich das Erscheinen der Göttin aus der niedrigen Spiritualität im gegenwärtigen degenerierten Weltalter. Daher kann nur die »Sexualität« dazu verhelfen, Transzendenz zu erlangen.

Der Tantrismus hat zwei Hauptzweige: der sogenannte linkshändige *(vāmāchāra)* und der rechtshändige *(dakshināchāra)* Kult. Das Brauchtum der Dakshināchāris ist nicht so ungewöhnlich wie das der Vāmāchāris, und ihre Riten, die allerdings dem Vāmāchāra ähnlich sind, werden nicht physisch, sondern nur symbolisch vollzogen. Keine der beiden Kultgemeinschaften erkennt Kastenunterscheidungen an; alle Bewerber haben zunächst komplexe Initiationsriten zu durchlaufen. Die Vāmāchāra-Anhänger mißachten unter rituellen Bedingungen bewußt alle gesellschaftlichen Regeln und Beschränkungen des Hinduismus. Damit versuchen sie, sich von den Begrenzungen des weltlichen Daseins zu befreien und größere spirituelle Kraft zu erlangen. Obwohl solche Exzesse im Tantrismus nur ein winziges Element darstellen, haben sie im Westen unangemessene Aufmerksamkeit gefunden.

Ursprünglich waren die erotischen und esoterischen Elemente des Tantrismus den Eingeweihten als Befreiungsmethode vorbehalten, obwohl sie auf frühe orgiastische Fruchtbarkeitsriten zurückgingen. Der alte Glaube, Sexualriten könnten Fruchtbarkeit bewirken, war ja vielen Kulturen gemeinsam. In der tantrischen rituellen Vereinigung sollte der weibliche Partner, der

Shakti verkörperte, mit tiefer Hingabe verehrt und die Sexualriten ohne Verlust an Reinheit und in freiem Bewußtsein vollzogen werden. Sie sollten nicht auf der Ebene von Zerstörung und Bindung bleiben und dadurch die Befreiung verhindern.

In der höchsten Form der tantrischen Meditation symbolisiert das weibliche Zeugungsorgan, *yoni,* den Großen Schoß, den Ursprung alles Daseins. In der Befreiung verschmilzt die Seele mit dem kosmischen Wesen in der Freude des reinen Bewußtseins, nicht mehr vom irdischen Dasein begrenzt.

Nach tantrischer Lehre kann eine Gottheit nur von einer anderen Gottheit angebetet werden, deshalb hat der Fromme in der Initiation viele Reinigungsstufen, Yoga-Übungen und Mantra-Wiederholungen zu durchlaufen. Es werden auch *yantras* verwendet, symbolische geometrische Bilder von großer spiritueller Bedeutung. Sie entsprechen dem konkreten persönlichen Ausdruck des unnahbaren Göttlichen. Die *yantras* wirken im sichtbaren Bereich wie die Mantras im hörbaren. Durch sie können die Gläubigen rituell an den Kräften des Weltalls teilhaben und ihr Ziel erreichen. Am bekanntesten ist das *shrīyantra,* das aus mehreren, ineinandergreifenden Dreiecken mit einem zentralen Punkt *(bundu)* besteht, einem Symbol des ewigen, undifferenzierten Prinzips *(brahman)* oder der von oben geschauten Weltachse.

Die Sahajiyā-Tantristen verwerfen den Gebrauch von Mantras, Schriften, Bildern und von Meditation, da nur die Leere *(shūnya)* das wahre Wesen des Menschen sei. Die Schwierigkeit einer Defintion und die metaphysische Mehrdeutigkeit des *shūnya* führten allerdings zu manchen sexuellen Exzessen. Der wahre tantrische Weg ist nie leicht und erfordert lange Übung.

Freilich mißbilligten die meisten Hindus entschieden die erotischen Elemente der tantrischen Kultformen.

14. Bilder, Symbole und Reittiere der Götter

Bilder und Symbole

Die vielschichtige Symbolik des Hinduismus ist mit Bildern verbunden, die hier nur ausschnittweise angedeutet werden können. Religiöse Plastiken und Gemälde sind ihrem Wesen nach für den Inder Bilder der verschiedenen Erscheinungsformen des Glaubens; sie sind Hilfen bei der Meditation und dem Verständnis spiritueller Wahrheiten. Ein Bild soll daher vor allem Ideen ausdrücken, mehr sein als eine visuelle Darstellung. Es soll als ein reflektiertes Bild des höchsten Wesens betrachtet werden, wenn die Gottheit auch vom philosophischen Standpunkt aus formlos und ohne alle Attribute ist. Nur wenige Menschen können eine Abstraktion verehren. Daher wird die unvorstellbare Wirklichkeit als Wesen mit Eigenschaften aufgefaßt, als Schöpfer, Erhalter und Zerstörer des Weltalls. Während der Anbetung soll das Bild von der Anwesenheit Gottes erfüllt sein; also wird Gott angebetet, nicht das Bild selbst.

Die meisten gebildeten Hindus wissen, daß Bilder Symbole sind, und betrachten sie nicht als wirkliche, lebende Wesen mit magischen Kräften. So werden nach der Anbetung die großen, schon gearbeiteten Götterfiguren aus Ton in die Flüsse geworfen oder auf andere Weise dem Verfall überlassen. Spirituell fortgeschrittene Yogis hingegen brauchen keine Bilder, weil sie

Methoden kennen, unsinnliche Wesen durch innere Schau unmittelbar zu erfahren und so Gott in ihrem Herzen wahrzunehmen.

Der frühe Buddhismus und Jainismus lehnten den Gebrauch von Bildern ab. Sie verehrten statt dessen große Lehrer und Seher als sichtbare Gestalten, durch welche die göttliche Wirklichkeit aufgenommen werden kann. Auch einige religiöse Führer im Hinduismus wandten sich gegen die Bilderverehrung, aber für die meisten Hindus sind die Bilder auf dem spirituellen Weg eine große Hilfe.

Die Götter werden in gütiger oder in erschreckender Erscheinung vorgestellt, und ihre Bilder reflektieren so den Dualismus der irdischen Welt. Sie werden unter vielen Namen und Formen sichtbar. So heißt Shiva als höchste Gottheit Mahādeva, als kosmischer Tänzer Natarāja, als kosmische Zeit vor allem Dasein Mahākāla, als höchster Yogi und Lehrer Dakshināmūrti, als Hermaphrodit Ardhanarīshvara.

Shivas Hauptsymbol ist das *lingam*, das in Phallusform kosmische Energie, transzendente Kraft und reines Bewußtsein bedeutet. Sein wichtigstes Erkennungszeichen ist der Dreizack *(trishula)*, das Sinnbild der drei *gunas* oder Elemente des Entwicklungsprozesses.

Die indischen Künstler und Handwerker erlaubten sich nie individuelle Auffassungen und persönliche Eigenheiten, weil sie durch ikonographische Vorschriften von Priestern gebunden waren, wobei in der Frühzeit der Bildkunst noch gewisse Variationen möglich waren. Nach dem 10. Jahrhundert begegnen immer weniger Abwandlungen. Wenn man die Reittiere, die Erkennungszeichen, die *mudrās* und die Attribute kennt, kann man die dargestellte Gottheit leicht bestimmen. Gewöhnlich sind die Götter anatomisch durchaus realistisch dargestellt, muskulös etwa, nicht überbetont, aber mit breitem, gut entwickeltem Oberkörper, der die durch Yoga beherrschte Fülle des Atems, den Inbegriff des Lebens, andeutet. Der Gesichtsausdruck ist gewöhnlich nach innen gerichtet, ruhig und entrückt, ein Bild der Zeitlosigkeit. Die Gestalten sind manchmal weich und dem Weiblichen angenähert, ein Zeichen der männlichen und weiblichen Merkmale, die in jedem Individuum vereint sind. Jeder Teil einer bildlichen Darstellung hat symbolische Bedeutung, selbst der Typ des Figurenreliefs. Dazu gehören die Stellung des Körpers, die Ornamente, die Attribute, die Gewandung und der Sockel, aber auch begleitende Tiere, Pflanzen und Gegenstände. Denn da für den Gläubigen das Weltall eine göttliche Schöpfung ist, verdient alles in ihm Verehrung. Manche Gottheiten werden mit mehreren Köpfen und zahlreichen Armen dargestellt. Das soll sie von menschlichen Wesen unterscheiden, ihr transzendentes Sein und die grenzenlose, unbegreifliche Wirkkraft des Göttlichen andeuten.

Der Schöpfer Brahmā wird mit vier Köpfen dargestellt, wobei jeder in eine andere Richtung schaut, um anzudeuten, daß der Gott allsehend und allwissend ist. Sein Reittier oder Gefährt ist die schneeweiße Gans *(hamsa)*, das Symbol des «Einen Geistes» oder der kosmischen Lebenskraft, welche die Erde, die Wasser, die Atmosphäre und die Himmel durchdringt, weil die Gans in allen diesen Regionen zu Hause ist. Ihre weiße Farbe bedeutet Reinheit, und ihr leichter, kühner Flug wird mit den spirituellen Anstrengungen des frommen Hindu auf dem Weg zum *brahman* verglichen. Zugleich ist sie die Vogelmaske des in Brahmā verkörperten schöpferischen Prinzips. Brahmā hält die «Weisheitsvase», ein Symbol der Erde, die alles erhält, und er verkörpert das vollkommene Gleichgewicht der Natur, die jedes Übergewicht eines Elements verhindert. Aus dem ursprünglichen Gleichgewicht, der Nicht-Unterscheidung, entwickeln sich gleichmäßig alle einander entgegengesetzten Tendenzen, Arten und Kräfte.

Vishnu verkörpert den *sattva-guna* von Wahrheit, Güte und Mitleid. Auf seiner Brust leuchtet der funkelnde Edelstein *kaustubha*, das Symbol des Bewußtseins aller Wesen, das in allem Leuchtenden erscheint. Auf seiner linken Brust wird ein goldener Haarbüschel dargestellt, *shrīvatsa* («vom Schicksal geliebt») genannt; er bedeutet die elementare Natur, den Ursprung der Welt. Seine *makara*-förmigen Ohrringe bezeichnen intellektuelles Wissen und intuitive Wahrnehmung, seine Krone die unerkennbare Wirklichkeit; die drei Stränge seines heiligen Fadens stellen die Buchstaben des heiligen Mantra Om (Aum) dar. Die dunkle Hautfarbe deutet auf die unbegrenzte, gestaltlose, alldurchdringende Materie des räumlichen Weltalls.

Vishnus besondere Kennzeichen sind Rad oder Scheiben, Muschel, Lotos oder Bogen und Keule. Das Rad ist ein Symbol für die grenzenlose Kraft seines Geistes und die bindende Tendenz in allen zusammengesetzten Dingen; die Muschel steht für die fünf Elemente und damit für den Ursprung des Daseins und des ewigen Raumes; der Lotos für die kausale Kraft der weltallschaffenden Illusion und die Reinheit des ewigen *dharma*, die Grundlage der Daseinsentfaltung; die Keule bedeutet das ursprüngliche Wesen und die Kraft, welche die Übereinstimmung mit dem ewigen Gesetz garantiert.

Gefährte und Reittiere

Die meisten Götter haben unverwechselbare Reittiere, die als ikonographischer Anhaltspunkt zur Bestimmung einer Gottheit verläßlicher sind als Attribute und Beigaben. Göttinnen haben gewöhnlich das gleiche Reittier wie ihr Gemahl. Ursprünglich war das Reittier vermutlich die Tiergestalt der Gottheit, ein weiteres Bild der Kraft und des Wesens des einzelnen Gottes.

Shivas Reittier ist der weiße Stier Nandi, die Verkörperung von moralischer und religiöser Pflicht, von Recht und Gerechtigkeit, von allen Eigenschaften der Starken. Er wird weiß dargestellt, im Zustand nach dem Verschwinden aller Farben. Vishnus Reittier ist der mythische Vogel Garuda, die Verkörperung von Sonne und Wind, des Mutes und der esoterischen Lehre der Veden. Agnis Reittier ist eine Ziege oder ein Bock, der die Zeugungskraft des Gottes zum Ausdruck bringt. Durgās Reittier ist ein Löwe, der für ihre Unbesiegbarkeit und für ihre feindbeherrschende Kraft steht. Der *makara*, das Symbol der lebenden Kraft der Gewässer, ist das Gefährt von Varuna und Gangā. Der Pfau, das Symbol der Unsterblichkeit und der Liebe, ist das Reittier von Kārttikeya, dem Herrn der Unsterblichkeit, und von Kāma. Die Ratte oder Maus, Verkörperung der Hartnäckigkeit und der Überwindung von Hindernissen, ist Ganeshas Gefährt. Die Schildkröte schließlich, das Symbol der Beständigkeit, ist das Reittier der Erdgöttin und von Yamunā.

15. Tempel

In den vedischen Zeiten gab es weder Tempel noch Bilder. Die meisten Riten, gewöhnlich Opferzeremonien, wurden im Freien oder in provisorischen Bauten durchgeführt. Erst in der Zeit nach den *Upanishads* wurden Tempel errichtet. Ihre Anlage war beeinflußt von den buddhistischen Chaitya-Hallen und in den Fels gehauenen Heiligtümern des 3. Jahrhunderts v. Chr. Ihr Stil blieb über tausend Jahre unverändert.

Von den freistehenden Hindu-Tempeln aus der Zeit vor der Gupta-Periode hat sich keiner bis heute erhalten; sie waren alle aus vergänglichen Materialien errichtet und daher relativ bald verfallen.

Ein indischer Tempel gilt als die Wohnung der Gottheit, welcher er geweiht ist. Die Tempel sind in Größe und Form sehr verschieden: von einer einfachen Schutzhütte aus Ästen und Laubwerk über dem Bild oder Symbol einer Gottheit oder einer bescheidenen viereckigen Zelle auf einem Sockel und mit einem spitzen Turm bis zu großen Tempelanlagen über weiten Grundflächen. Für die Anbetung gibt es keine festen Stunden und Tage, weil ein Hindu überall und zu jeder Zeit eine Gottheit verehren kann, zu Hause, in Dörfern und Städten, auf dem Lande. Der Besuch eines Tempels ist ein Akt des einzelnen Gläubigen. Man betet also meist nicht in Gemeinschaft an, obwohl das gemeinsame

Singen von Hymnen besonders in Bengalen weit verbreitet ist und von Chaitanya und Mitgliedern anderer Frömmigkeitsbewegungen stark gefördert wurde.

Die meisten Tempel wurden seit dem 7. Jahrhundert gebaut. Die zwei wichtigsten Richtungen sind der dravidische Stil in Südindien und der nördliche oder indoarische. Viele der schönsten Tempel in Nordindien wurden seit dem 11. Jahrhundert von den Muslimen zerstört. Glücklicherweise erreichten sie Orissa und Südindien erst viel später, als der Eifer der Bilderstürmer etwas nachgelassen hatte. Die wichtigsten Bauwerke von Orissa liegen in den Städten Bhubanesa und Puri und in ihrer Umgebung. Zu den schönsten gehören der Lingarāja-Tempel, der Tempel des Vishnu Jagannātha und aus dem 13. Jahrhundert die «Schwarze Pagode» von Konarak.

Die Tempel des Nordens sind geprägt von pyramidenförmigen, krummlinigen Türmen mit abgerundeten Spitzen, die über einer polygonalen Grundfläche errichtet sind, in deren Mitte, in direkter Verlängerung der Spitze des Hauptturms, das innere Heiligtum liegt. Das ungeschmückte innere Heiligtum (*garbhagriha*, wörtl. «Schoßhaus») birgt das Bild der Gottheit, welcher der Tempel geweiht ist. Die kleine höhlenartige Zelle empfängt ihr Licht allein vom Eingang her. Nur Priester dürfen dieses Allerheiligste betreten. Die Gläubigen können sich ihm auf einer Ost-West-Achse nähern, in größeren Tempeln durch eine Reihe von Räumen hindurch, deren Heiligkeit mit wachsender Nähe zum inneren Heiligtum zunimmt – so wie der Fromme sich von der sichtbaren Vielfalt der Welt zu der einen Wirklichkeit hinbewegt. Die Andächtigen gehen meist im Uhrzeigersinn, in einem eigens dafür errichteten Durchgang, um das innere Heiligtum herum. Das Umschreiten des Heiligtums ist ein Akt frommer Hingabe und bringt dem Gläubigen Verdienst. Vom Mittelpunkt des Heiligtums strahlt für ihn die ungeheure Kraft und Energie der Gottheit nach außen in die vier Richtungen, die anderen Göttern zugeordnet sind. Um einige Tempel herum sind die Wächtergottheiten *(dikpālas)* der acht Himmelsrichtungen aufgestellt. Sie spielen eine große Rolle bei der Anlage von Städten und Tempeln, weil ein großer Bereich indischer Architektur auf das Quadrat zurückzuführen ist, ein Symbol des durch die Himmelsrichtungen bestimmten Absoluten. Zusätzlich können kleine Altäre unter Bäumen, außerhalb der Tempel oder an Wegkreuzungen errichtet werden.

Obwohl Tempel und Bilderverehrung die ältere Opferreligion verdrängt haben, ist doch viel vedische Symbolik erhalten geblieben. Der Umriß des Tempelbezirks, vor allem in den dravidischen Tempeln Südindiens, entspricht dem vedischen Opferbereich. Die Zelle und der Sockel sind ein Symbol des vedischen Feueraltars und des Brennmaterials, von dem das Feuer zum Himmel aufsteigt; sie können auch den Berg Meru bedeuten, den Mittelpunkt des Weltalls. In die großen Tempelbezirke können dem Haupttempel untergeordnete Schreine einbezogen sein, die anderen Gottheiten geweiht sind. Es gibt auch «leere» Heiligtümer, in denen der Gläubige seine erwählte Gottheit *(ishtadevatā)* anbeten kann.

Die südindischen Tempel ähneln meist einem rechtwinkligen Pyramidenstumpf; die Tempelbereiche sind durch hohe Mauern und große Vorbauten begrenzt, die von hohen, kunstvoll geschnitzten, pyramidenförmigen Überbauten bekrönt sind, oft höher als die Gebäude im inneren Tempelkomplex. Die meisten der großen indischen Tempel vermitteln ein Gefühl der Sicherheit und Stärke; sie scheinen wie große Berge ganz natürlich aus der Erde zu wachsen. Architektonisch sind Vishnu- und Shiva-Tempel gleich; sie können nur durch das Bild im Hauptschrein unterschieden werden.

Mit der Wahl des Ortes für den Tempel sind komplexe Riten verbunden: Er kann in einem Hain oder in einem abgeschlossenen Bereich liegen, auch in der Nähe von Wasser, zumindest bei einem Wasserbehälter, weil Wasser für die rituellen Waschungen wichtig ist. Der Grundriß ist ein architektonisches Mandala, das die fundamentale Struktur des Weltalls darstellt. Manchmal ist das Mandala in Quadrate eingeteilt, mit dem «Schöpfer» Brahmā im mittleren Quadrat, den planetarischen und astronomischen Gottheiten in den übrigen Quadraten. Oder das Mandala kann die Gestalt des kosmischen Menschen (Vashtupurusha) enthalten, die Verkörperung des idealen Planes für einen Tempel oder ein Haus. Vashtupurushas Gestalt erstreckt sich diagonal über die Quadrate; jedes Quadrat ist mit einem Teil seines Körpers verbunden. Für das indische Denken ist die Grundlage des Weltalls mathematisch vorzustellen. Daher ist wichtig, daß jeder Teil des Tempels richtig proportioniert ist, um dem Weltall zu entsprechen und dadurch seine andauernde Vollkommenheit zu sichern. Es gibt deswegen strenge Bestimmungen für Architektur, die in den *Shilpa-Shāstras* festgelegt sind. Verschiedene Baumaterialien sind unterschiedlichen Gruppen zugeordnet: Stein und Holz für Götter, Könige, Brahmanen und Asketen; Ziegel und Holz für die Tempel der Göttinnen. Wenn diese drei Materialien zusammen verwendet werden, ist der Tempel keinem bestimmten Geschlecht zugeordnet. Die Wiederverwendung von Baumaterialien aus Tempeln ist verboten, obwohl sie häufig vorkommt; die Materialien sollen ihre Wirkung nur in ihrem ursprünglichen Zusammenhang haben.

In neuester Zeit sind einige neue große Tempel errichtet worden, z. B. in Delhi und bei der Hindu-Universität von Benares. Die Tempel sind, bis auf das innere Heiligtum, grundsätzlich für alle zugänglich; einige aber sind von Gesellschaften mit privaten Mitteln gebaut worden und gelten als Privateigentum.

16. Priester

Die bedeutende Klasse der Priester heißt *brāhmanas.* Sie sind Mitglieder der geistlichen und gelehrten Kaste, die ein ererbtes Recht besitzt, religiöse und profane Zeremonien durchzuführen, den Veda und verwandte Gebiete zu lehren. Die vedischen Opferriten waren so schwierig, daß nur Priester sie verstanden, was ihren Status und ihre Macht vergrößerte.

Das Sanskritwort *brāhmana* bedeutete ursprünglich «besessen vom *brahman*», nämlich von der geheimnisvollen, magischen Kraft, welche die Welt durchdringt und übersteigt. In manchen Zeiten waren die Priester so mächtig, daß sie als Götter in Menschengestalt angesehen und in ihrem Zorn mehr als Giftschlangen gefürchtet wurden. Nach den *Gesetzen des Manu*, die um das 1. Jahrhundert n. Chr. entstanden, bezeugt «allein die Geburt eines Brahmanen die ewige Inkarnation des Gesetzes».

Obwohl sich die Tempel-Kultformen des klassischen Hinduismus von dem vedischen System der Anbetung unterschieden, beherrschten die Priester viele der volkstümlichen Kultformen. Auch auf der Ebene des Dorfes führten die Brahmanen Riten durch und wirkten zugleich als Astrologen oder Heiler. Ohne die Priester mit ihrer Gelehrsamkeit und ihrem vorzüglichen Gedächtnis wäre die mündliche Überlieferung der

Veden und anderer alter Texte nicht möglich gewesen.

Als die Zahl der Brahmanen für das Priesteramt zu groß wurde, übten einige von ihnen ein Gewerbe aus. Der Übergang vom Priesterdienst zu profaner Arbeit war einer der Faktoren, die Macht und Ansehen minderten. Andere solche Faktoren waren: der Aufstieg des Tantrismus mit seinen von Gurus durchgeführten Initiationsriten; die Stammesgruppen am Rande der Hindu-Überlieferung mit nicht-hinduistischen heiligen Zeremonien; die Vīrashaivas mit ihren eigenen Priestern, den *jangamas*; schließlich der Aufstieg der mittelalterlichen Frömmigkeitsbewegungen, die sich den Kastenunterscheidungen widersetzten und eine religiöse Gleichberechtigung vertraten, so daß ebenso nichtbrahmanische Lehrer aus dem Volke Anhänger finden konnten.

Heute führen die Priester vor allem für die Oberklassen Geburts-, Initiations-, Hochzeits- und Bestattungsriten durch. Die Brahmanen vollziehen aber auch Riten für Nicht-Hindus, wie Jainas und andere.

17. Gottesverehrung

Anbetung

Die vedische Verehrung *(pūjā)* bestand vor allem in der regelmäßigen Durchführung der Opfer, von denen die Weltentwicklung abhängen sollte. Im klassischen Hinduismus trat, je mehr die vedische Anbetung an Boden verlor, immer stärker eine Religion der persönlichen Hingabe in den Vordergrund. Viele Tempel wurden errichtet, und entsprechend der wachsenden Zahl von Zeremonien, Festen und Wallfahrtsorten nahm die Bildverehrung zu. Manche vedische Riten sind aber bei den oberen Schichten weiterhin üblich, vor allem für häusliche oder gesellschaftliche Festlichkeiten, z. B. für die Hochzeit.

Ehe ein Bild angebetet werden kann, muß es mit Atem *(prānapratishthā)*, das bedeutet mit Leben, versehen werden. Sobald dieses Zeremoniell durchgeführt wurde, gilt das Bild während des Rituals als «Gott selbst», weil es von dem lebendigen Atem der Gottheit erfüllt ist, die es verkörpert.

Gelegentlich bitten die Gläubigen um eine Gunst, gewöhnlich aber ist die Anbetung ein Akt der Verehrung, der Andacht und der Hingabe. Die Gottheit wird wie ein Ehrengast behandelt und mit Blumen, Früchten, Kuchen oder Reis beschenkt. Der wichtigste Teil vieler Riten und Gebete ist die Wiederholung des göttlichen Namens und das Aussprechen von Mantras. Die schwierigeren Formen der Verehrung werden von Geistlichen *(pūjāris)* durchgeführt, die der Gottheit dienen und das erforderliche Ritual vollziehen.

Feste

Es gibt unzählige hinduistische Feste und heilige Tage, besonders deswegen, weil viele Hindus meist nicht nur an den Festen der von ihnen erwählten Gottheiten teilnahmen, sondern an allen; denn alle Götter sind für sie nur verschiedene Aspekte des einen Göttlichen.

Die meisten Feste sind sehr alt und Jahreszeiten zugeordnet. Ein Beispiel ist Indramahotsava, «die Aufrichtung von Indras Stamm» in Form eines geschmückten astlosen Baumstamms, der sieben Tage vor dem Vollmond im Monat *āshvina* (September/Oktober) in den Städten aufgestellt wird. Während der Zeremonie gilt der Stamm als Indra selbst, am siebenten Tag aber wird er umgelegt, zerteilt und in den Fluß geworfen. Ein überaus volkstümliches Frühlingsfest ist Holī, dem Krishna, Kāma und den *gopīs* geweiht, ein Anlaß, übliche Verhaltensnormen zu mißachten. Wahrscheinlich verdrängte es frühere Saturnalien; daher schließt es ein: erotische Spiele, Volkstänze, Singen von anzüglichen Liedern, Springen über Freudenfeuer, Verspritzen von gefärbtem Wasser. Manchmal wird Holī mit dem Schaukelfest (Dolā) in Puri (Orissa) verbunden, bei dem die Götterbilder geschaukelt werden, um das Land fruchtbar zu machen.

Das wichtigste Tamil-Fest ist Pongal (Januar/Februar). Mehreren Gottheiten wird Milchreis geopfert, und in Prozessionen werden girlandengeschmückte Kühe mitgeführt. Das wichtigste Herbstfest ist Dīvāli oder Dīpāvalī, das Fest der Lichter, wenn Lakshmī und Krishna verehrt werden. Überall werden Lichter aufgesteckt, und kleine lichtertragende Papierboote werden die Flüsse hinabgeschickt.

Jedes zwölfte Jahr wird in Prayaga (Allahabad) das große Kumbha-Mela-Fest gefeiert, bei dem viele Tausende Pilger zusammenkommen, um im Zusammenfluß von Jumna und Ganges zu baden.

In Bengalen geht die Durgā-*Pūjā* (Oktober/November) dem Fest der ersten Früchte voraus, bei dem Reis gekocht und Vieh geschmückt wird. Während des Festes werden im Kālīghat-Tempel in Kalkutta viele Tiere, besonders Ziegen, geschlachtet und ihre Köpfe vor dem Bild der Durgā aufgeschichtet. In den Kult dieser einheimischen Göttin sind grausame Stammesbräuche eingeflossen, die von den meisten Hindus entschieden abgelehnt werden.

Zu den lokalen und regionalen Festen gehört Jagganāth in Puri, bei dem Vishnu als Herr der Welt verehrt wird. Zum Gedenken an Vishnu/Krishnas Reise von Gokula nach Mathurā wird sein Bild mehrere Tage lang auf einem riesigen Wagen durch die Straßen gezogen. Andere Zeremonien finden in Kāñchī und in Madurai statt. Dort wird Shivas lokale Gattin Mīnākshi, die «fischäugige» Göttin, verehrt, die ursprünglich eine selbständige Gottheit war. Jeden Mondmonat wird das Fest des Shiva (Shivarātrī) gefeiert. Auch Geburtstage bedeutender Lehrer und Seher werden feierlich begangen, beispielsweise zum Gedächtnis von Shankara, Rāmānuja und Rāmānanda.

Wallfahrten

Seit Jahrhunderten sind in Indien Wallfahrten sehr verbreitet; sie werden unternommen, um religiöse Verdienste zu sammeln oder für Sünden zu büßen. Oft bestehen sie in langen, anstrengenden Reisen von mehreren hundert Kilometern, häufig zu Fuß. Die Pilgerschaft so vieler Frommer, Yogis und Heiliger ist ein wichtiger Faktor bei der Verbreitung religiöser Ideen. Es gibt unzählige Wallfahrtsorte; die wichtigsten sind: Benares, Hardwar (Maya), Ujjain, Mathurā, Ayodhyā, Puri, Dwarka (Dvaravati) und Conjeeveram (Kāñchī). Allein Benares hat 1500 Tempel, in denen jede Kultform vertreten ist.

Die Pilger reinigen sich durch Baden an heiligen Stätten, wie im Zusammenfluß von zwei Flüssen oder im heiligen Fluß, dem Ganges, von seiner Quelle im Himalaya bis zu seiner Mündung in den Golf von Bengalen. Einige Abschnitte des Ganges sind heiliger als andere, so Gangotri, wo der Fluß die Berge verläßt, Hardwar mit dem Gangadvara-Tempel, Prayaga am Zusammenfluß von Ganges und Jumna.

Als Akt der Ehrfurcht und Verehrung ist es üblich, mehrere Schreine, Tempel und andere heilige Gegenstände zu umschreiten. Dazu gehört manchmal auch das Durchqueren eines heiligen Bereichs, etwa Panchkosi, eine rund achtzig Kilometer lange heilige Straße mit Hunderten von Schreinen, die Benares umschließt.

Ein besonders heiliger Ort für Vishnu-Anhänger ist Brindaban, der Geburtsort Krishnas. Dort ist jeder Ortsteil und auch die Umgebung heilig, selbst der Staub, den Krishna einst betreten hat.

Andere, *tīrtha* genannte Kultbereiche liegen meist an Flußufern. Sie können ein Schrein, ein großer Baum, ein

Hügel oder irgendeine Stätte sein, die mit Göttern, Göttinnen oder Sehern verbunden ist. Die Ortsnamen der *tīrthas* sind meist die Namen heimischer Götter und Kultformen, die schon lange in den großen Kult aufgenommen worden sind.

18. Moderne Reformer

Die zwei schwersten traumatischen Erfahrungen für die Bewohner des Subkontinents waren die wiederholten Einfälle der Mohammedaner und die Ankunft der Europäer 1498. Zunächst waren die portugiesischen, später die holländischen und englischen Handelsgesellschaften vor allem an dem ungewöhnlich reichen Handelsverkehr zwischen Europa und dem Osten interessiert, aber nicht so sehr an Landgewinn. So wirkte sich ihre Anwesenheit auf die indische Bevölkerung kaum negativ aus. Dies änderte sich drastisch in der Mitte des 18. Jahrhunderts durch die Rivalität zwischen Franzosen und Engländern und ihre Kämpfe mit den Herrschern der indischen Staaten, die aus den Trümmern des Mogul-Reiches nach Aurangzibs Tod im Jahre 1702 entstanden waren. Schließlich besiegten die Engländer ihre europäischen Rivalen, aber die mächtigen Marāthas konnten sich bis 1818 behaupten.

Während des 19. Jahrhunderts verstärkte sich der britische Einfluß vor allem auf die gebildete städtische Mittelschicht, die den politischen und gesellschaftlichen Vorstellungen des Westens ausgesetzt war. Manche Inder übernahmen unkritisch alles Westliche, andere lehnten alle Werte und Ideen des Westens entschieden ab. Wieder andere wie Rammohan Roy, Keshab Chandra Sen, Devendranāth Tagore, Vivekānanda, Shrī Aurobindo Ghose, Ranade und Gandhi, die die Schwächen verschiedener Aspekte des Hinduismus erkannten, versuchten sie dadurch auszugleichen, daß sie sich sowohl westlicher als auch indischer Leitvorstellungen bedienten. Die intellektuelle Bewegung aus dem Zusammentreffen, oder Zusammenstoßen, der europäischen und der indischen Kultur regte den Hinduismus zur Rückbesinnung und Erneuerung an.

Obwohl die Tradition des Hinduismus viele Stammesgottheiten assimiliert hat, wurden die Götter der «Unberührbaren» nie in den hinduistischen Götterhimmel aufgenommen. Für die Miglieder der vier Hauptkasten wie der zahlreichen Unterkasten war das Kastensystem eine göttliche Einrichtung, daher vollkommen und unabänderlich. So waren die «Unberührbaren» für alle Kastenangehörigen eine Quelle der Verunreinigung. Jeder Kontakt mit ihnen machte Reinigungsriten erforderlich. Daher hatten viele dieser Unglücklichen am Fuße der gesellschaftlichen Pyramide nichts mehr zu verlieren, wenn sie sich einer der Reformbewegungen anschlossen, die alle Kastenschranken ablehnten.

Die erste Reformbewegung, Brāhmo-Samāj, wurde 1828 von dem gelehrten Patrioten Rammohan Roy (1772–1833) gegründet. Er war Finanzbeamter bei der East India Company, nahm 1815 seinen Abschied und konzentrierte sich seitdem auf religiöse und soziale Reformarbeit. Er betonte wiederholt, er wolle keine neue Glaubensgemeinschaft gründen, sondern die alte Religion von schädlichen Auswüchsen reinigen. Den größten Teil seines Besitzes gab er für den Brāhmo-Samāj hin, für philantropische Arbeit und die Förderung der Einheit zwischen den Weltreligionen durch eine Synthese der besten Elemente der östlichen und westlichen Kulturen. Dabei glaubte er durchaus an den unaufhaltsamen Fortschritt durch die Naturwissenschaften und erkannte die Prinzipien des Christentums, die den Europäern soviel Macht und Erfolg gebracht zu haben schienen.

Roy entstammte einer Familie von Chaitanya-Anhängern. Seine Kindheit verbrachte er in Patra, einem islamischen Bildungszentrum, sicher ein Grund für seine spätere Ablehnung fanatischer Gottesverehrung. Er wurde beeinflußt vom Sufismus, dem Theismus der *Upanishads* und dem Vedānta, verwarf aber die Lehre von der Seelenwanderung. Von den Elementen des Christentums übernahm er die Bergpredigt, die Ethik des Neuen Testaments und die Lehre vom einen Gott. Die Lehre von der Gottessohnschaft Christi akzeptierte er nicht. Zwischen 1820 und 1823 führte er oft Diskussionen mit christlichen Missionaren, um ihre falschen Vorstellungen vom Hinduismus zu korrigieren. Er bemühte sich auch, die vielen Benachteiligungen der Frauen abzuschaffen, etwa die 1829 für ungesetzlich erklärte Witwenverbrennung und die Verheiratung von Kindern. Ferner modernisierte er das archaische indische Erziehungssystem und errichtete 1816 in Kalkutta die Vedānta-Hochschule «zur Verbreitung und Verteidigung der Einheit des Hinduismus».

Roys Nachfolger war Devendranāth Tagore (1817–1905), der die Reformbewegung des Brāhmo-Samāj neu belebte und daneben die Gesellschaft für Weisheitslehre (Tattva Bodhini Sabha) begründete, deren Mitglieder regelmäßig zu Gebet und religiösem Gespräch zusammenkamen. Wie die anderen Reformer wählte Tagore aus den *Upanishads*, dem *Mahābhārata* und anderen Quellen Texte aus, die seinen Anschauungen entsprachen.

Keshab Chandra Sen (1838–1884) schloß sich 1857 dem Brāhmo-Samāj an. Tagore fühlte sich von dem jungen Mann angezogen; später wurde Sen der dritte und dynamischste Führer der Bewegung. Er betonte die persönliche Hingabe im Hinduismus und erkannte die Göttlichkeit des «asiatischen Christus» an. Er betrachtete das Alte Testament als den ersten, das Neue Testament als den zweiten und seine Bewegung als den dritten Bund. Nach seinem Tod zerfiel die Bewegung, wenngleich die früheren Mitglieder weiterhin sozial tätig waren.

Viele der Sozialreformen Sens verschreckten seine konservativeren Anhänger und verursachten eine Spaltung der Bewegung. Er und seine Freunde begründeten eine eigene Gesellschaft, den «allgemeinen» Brāhmo-Samāj, während Tagore seiner Partei den Namen Ādi-Samāj, «ursprünglicher» Brāhmo-Samāj, gab.

Nach einem Englandaufenthalt bemühte sich Sen um Bildung und Emanzipation der Frauen, verheiratete seine Tochter jedoch nach orthodoxem Ritus mit einem Hindu-Prinzen. Er berief sich für diese Aktivitäten auf eine «Offenbarung». Trotzdem waren sie Anlaß zu weiterer Spaltung.

Die Rādhā-Soāmī-Bewegung hat Beziehungen zum Glauben der Hindus und der Sikhs; sie erhebt den Anspruch, eine universale Bewegung zu sein, deren Anhänger allen Religionen zugehören können. Sie geht auf die Lehren des vishnu-gläubigen Bankiers Shiv Dayal (1818–1878) zurück, die die Verbindung zwischen Rādhā, der Seele, und Soāmī (Swāmi), dem Wissenden, und Gott betonte. Er lehrte auch eine Art Yoga, die sich auf das schöpferische Wort, eine Emanation des höchsten Wesens, gründete.

Nach Shiv Dayals Tod spaltete sich die Bewegung in

zwei Gruppierungen auf, mit Zentren in Agra und an den Ufern des Beas bei Amritsar. Die zweite Gruppe vereinigte viele Hindus und Sikhs, obwohl zahlreiche ihrer Lehren den orthodoxen Glaubensvorstellungen der Sikhs zuwiderliefen.

Der Prārthana-Samāj von Bombay wurde von dem Rechtsanwalt Mahadev Govind Ranade (1842–1901) geleitet. Er führte die monotheistische Frömmigkeitsbewegung der Marātha-«Heiligen» fort und verband sie mit umfangreichen sozialen Aktivitäten.

Der gelehrte shiva-gläubige Svāmi Dayānanda Sarasvatī (1824–1883) begründete 1875 den Ārya-Samāj in Bombay und 1877 in Lahore, um die indische Kultur in ihrer ursprünglichen Würde wiederherzustellen. Sein Guru hatte ihm die Notwendigkeit des Studiums und des Verständnisses der Veden und ihrer Weisheit nahegebracht, die lange mißverstanden worden waren. Daher stützte er seine Lehre vor allem auf den *Rigveda* und in geringerem Maße auch auf den *Sāma-* und den *Yajurveda*, nicht aber auf die *Brāhmanas* und die *Upanishads*. Er betonte, das Kastensystem, die Kinderheirat, die Absonderung der Witwen, Bilderverehrung, Wallfahrten und Beschwörungsformeln seien den Veden unbekannt. Trotzdem übernahm er die Lehre vom Karma und von der Wiedergeburt, obwohl beide Vorstellungen erst in nach-vedischer Zeit entstanden sind. Er trat für die Verehrung des einen gestaltlosen Gottes ein, für den Dienst an den Älteren und der Gemeinschaft. Den Frauen wurde wieder der hohe Status wie in vedischen Zeiten zugesprochen, als helfende Gefährtinnen des Mannes im religiösen, öffentlichen und privaten Leben. Die «Unberührbarkeit» war nicht vedisch; daher schlossen sich Tausende von «Unberührbaren» der Bewegung an und erhielten den heiligen Faden verliehen. Damit hatten sie die gleichen sozialen Rechte wie Kasten-Hindus, doch freilich nur im Ārya-Samāj; außerhalb der Gemeinschaft waren sie weiter an ihren überkommenen niederen Status gebunden. Auch Nicht-Hindus wurden als Mitglieder zugelassen. Leider wurden viele Gläubige der Bewegung von Fanatikern ermordet. Sie erlebte ihre Hochblüte vor allem im Punjab, wo sie später im nationalistischen Kampf eine wichtige Rolle spielte.

Nach dem Tod Dayānandas spaltete sich die Gesellschaft in zwei Gruppen auf: Die eine bemühte sich um moderne Erziehung, Freiheit von allen Speisenvorschriften und wollte den Ārya-Samāj zum Zentrum einer Weltreligion machen; die andere Gruppe dagegen blieb konservativ. Sie bestand auf der Unfehlbarkeit des Veda, dem Karma, der Wiedergeburt, der Heiligkeit der Kuh. Beide Gruppen trieben anti-christliche und anti-islamische Propaganda; bei der Teilung Indiens 1947 rächten sich daher die Mohammedaner, töteten jedes erreichbare Mitglied des Zentrums in Lahore und beschlagnahmten das Eigentum der Gesellschaft.

Einen weiteren Anstoß erhielt der traditionelle Hinduismus durch den aus Bengalen stammenden Brahmanen und Mystiker Rāmakrishna (1836–1886). Sein Ziel war ein reines, frommes und einfaches Leben, aufgebaut auf den Überzeugungen des Hinduismus, voller Achtung vor jedem Geschöpf. Er war von hoher Spiritualität und großer Sensibilität. Seine religiöse Hingabe und seine Sehnsucht nach einer Erfahrung aller Erscheinungsformen des Göttlichen ließen ihn die Göttin Kālī und andere Hindu-Gottheiten ebenso anerkennen wie Buddha, Christus und Allah. Während seines ganzen Lebens hatte er Gesichte von Kālī, Rādhā und Rāmas treuer Gemahlin Sītā. Nach der Beschäftigung mit dem Neuen Testament hatte er eine Christusvision, und in

Begleitung von Muslimen sah er Mohammed. Obwohl er Christus als Sohn Gottes oder Inkarnation Vishnus ansah, lehnte er den Anspruch seiner Einzigartigkeit ab und betrachtete ihn als trennend und schädlich. Als Ergebnis seiner vielfältigen religiösen Erfahrungen lehrte er, alle Gottheiten seien im Wesen gleich; es bestehe keine Notwendigkeit für eine Synthese, denn jedes Individuum könnte frei den selbstgewählten Weg zum Einen, dem *brahman*, gehen.

Rāmakrishna heiratete, als er schon *sannyāsin* und damit zu beständiger Keuschheit verpflichtet war; deshalb wurde die Ehe körperlich nie vollzogen. Er erklärte, die Sexualität kämpfe stets gegen die Spiritualität, ähnlich wie das Streben nach Reichtum und Besitz. Alle Frauen betrachtete er als «heilige Mutter», Kālī.

Rāmakrishna lehrte seine Anhänger, das Göttliche im Menschen wahrzunehmen und zu entwickeln. Danach haben die Alltagsvorstellungen von Gut und Böse keine Bedeutung mehr, denn der Fromme weiß, daß das Gute deshalb gut ist, weil es Gott ist. Gott ist alles.

Rāmakrishnas bedeutendste Schüler waren Keshab Chandra Sen vom Brāhmo-Samāj und Narendranāth Datta (1863–1902), der, während er als Einsiedler lebte, den Namen Vivekānanda annahm. Seine machtvolle Persönlichkeit und Ausstrahlung verschafften ihm, als er 1892 das Weltparlament der Religionen in den Vereinigten Staaten besuchte, große Aufmerksamkeit. Später reiste er drei Jahre durch Amerika und England und verbreitete die Lehre Rāmakrishnas. Vivekānanda betonte, der Hinduismus sei die einzige Religion, welche die Wege zum Göttlichen erkennen könne. Er gründete die Rāmakrishna-Mission, die in der ganzen Welt vertreten ist. Sie hat ein großes neues Zentrum in Gol Park,

Kalkutta. Die Mission leistet soziale Arbeit in vielen Ländern mit indischen Gemeinden.

Eine andere bedeutende Persönlichkeit war der Bengale Shrī Aurobindo Ghose (1872–1950). Er wurde vor allem in England erzogen. 1893 nach Indien zurückgekehrt, trat er in den Staatsdienst und beschäftigte sich mit indischer Kultur und Yoga. Nach der Teilung von Bengalen 1905 schloß er sich der nationalistischen Bewegung an und wurde 1908 als Aufrührer verhaftet. Im Gefängnis hatte Ghose eine tiefe mystische Erfahrung. Nach seiner Freilassung ging er ins Exil nach Pondicherry, das unter französischer Oberhoheit stand; dort schrieb er Bücher und entwickelte eine eigene Philosophie des Integralen Yoga. 1920 übergab er die Leitung der Gemeinschaft seiner tatkräftigen Mitarbeiterin Mira Alfassa, der «Mutter». Nach seinem Tod gründete sie die Ashram-Stadt Auroville. Sie starb 1973 und wird im Ashram bis heute ebenso verehrt wie Shrī Aurobindo.

Ein bedeutender Ashram war auch der in Tiruvanamalai von Ramana Maharishi, der 1950 starb. Seine mystischen Erfahrungen in Vorahnung der Todesnot führten ihn zu einem Zustand der Erleuchtung, in dem er der Welt entrückt schien. Von da an schwieg er, um das Bewußtsein der Einheit hinter aller Vielfalt ständig zu erfahren.

Mohandas Karamchand Gandhi (1869–1949) war von Geburt ein Mitglied der Kaufmannskaste. Er betrachtete sich als einen orthodoxen Hindu, obwohl er stark vom europäischen Liberalismus des 19. Jahrhunderts, der Bergpredigt und den Schriften Tolstois beeinflußt war. Wenn auch früher schon viele Inder die Kastentrennungen angegriffen, Gewaltlosigkeit und die Gleichberechtigung der Frau verfochten hatten, war ihr Einfluß doch gering geblieben. Erst Gandhi konzentrierte das indische Denken auf eine für alle gerechte Gesellschaftsordnung anstelle der exklusiven Kastenhierarchie. Als er einmal nach dem Wesen des Hinduismus gefragt wurde, antwortete er, er sei im ersten Vers des *Īshā-Upanishad* beschlossen: «Alles, was wir in diesem großen Weltall sehen, ist von Gott durchdrungen, gib es auf und erfreu dich an ihm; begehre nicht den Reichtum oder den Besitz von irgend jemandem.» Die Welt muß aufgegeben werden, weil wir als vergängliche Wesen sie nie besitzen können; aber wir können uns an ihr als der Schöpfung Gottes erfreuen.

Während seiner Jugend hatte Gandhi auch die Sinnenfreuden mit ihren Ablenkungen und Beeinträchtigungen erfahren; später führte er ein enthaltsames Leben. Er lebte seine Religion. Macht und Reichtum waren für ihn ohne Bedeutung, denn sein Hauptziel war die Befreiung von Wünschen, Begierden und Eitelkeiten. Das Streben nach der Unabhängigkeit von den Engländern blieb seinem persönlichen Ziel immer untergeordnet. Er lehrte auch die großen Tugenden der Schonung aller Lebewesen, der Enthaltsamkeit und der Gerechtigkeit. Freilich erkannte er, daß das Gewissen des einzelnen getäuscht werden kann und betonte deshalb, ein Gewissen irre, wenn es sich gegen Gewaltlosigkeit oder Enthaltsamkeit entscheide, denn diese Haltungen führten sicher zu Frieden, Güte, Selbstbeherrschung und Mitleid.

Gandhi bemühte sich, alles Gute der hinduistischen Überlieferung zu bewahren. Dazu gehörten die täglichen religiösen Riten, die ein orthodoxer Familienvater durchführt, die Anbetung im Tempel und auch die Verehrung der Kuh. Schon seit vedischen Zeiten wurde das Vieh hoch geschätzt, weil es für den Menschen eine Quelle der Nahrung und nützlicher Nebenprodukte war. In nach-vedischen Zeiten wurde das Kuhschlachten verboten, und das Tier galt als Bild des Überflusses der Natur, symbolisiert als Surabhi, die mütterliche Kuh. Für Gandhi schenkte die Kuh fast alles, was Indien brauchte, und sie war für ihn die Verkörperung der Unschuld und des Schutzes für die Hilflosen.

Er lebte äußerst einfach; er aß vegetarische Nahrung und trug ein selbstgesponnenes baumwollenes Lendentuch und einen Mantel. Er betonte die Bedeutung des Spinnrads und wurde darin von den Indern verstanden. Das Lendentuch bezeichnet das einfache, selbstgenügsame Leben und die gänzliche Entsagung eines Heiligen, der seine Bedürfnisse auf das Lebensnotwendigste beschränkt. Seine Lehre der Gewaltlosigkeit war ihm wichtiger als alles andere. Als die Zeit der Gewaltlosigkeit zwischen Hindus und Muslimen wieder von dem alten Haß und der gewohnten Gewalt abgelöst wurde, fühlte er, daß er gescheitert war.

Gandhi betrachtete sich nie als religiösen Reformer, er begründete keine Gesellschaft oder Mission, und doch war er zusammen mit Nehru der Planer und Organisator der Unabhängigkeit Indiens. Er begründete einen Ashram, eine für Männer, Frauen und Kinder offene religiöse Gemeinschaft, die auch das örtliche Gewerbe unterstützte und weiterentwickelte. Unvergessen sind seine kühnen Versuche, die Benachteiligung der «Unberührbaren» zu mildern, die er Harijan, Söhne Gottes oder Vishnus, nannte.

Gandhi widersetzte sich nachdrücklich der Teilung des Landes, weil er erkannte, daß sie jede Hoffnung auf ein geeintes Indien zerstören und den Tod von Millionen Hindus und Muslimen bedeuten würde. Gerade seine brüderliche Sorge für die Muslime ließ ihn das Opfer eines Mordanschlags werden, ausgeführt von einem fanatischen Mitglied der extremistischen Hindu-Bewegung Mahasabha («Große Versammlung»).

Einige von Gandhis Zielen wurden von seinem Schüler, dem Wanderprediger und Sozialreformer Vinoba Bhave (1895–1982), weiterverfolgt, der mit der *bhudan* genannten Aktion der Verteilung von Land an grundbesitzlose Bauern viel Erfolg hatte. Gandhis Ideal der Gewaltlosigkeit dagegen ist – wenngleich in ganz Indien nach wie vor bewundert – bis heute kaum in die Tat umgesetzt worden.

Begriffserläuterungen

Ahimsā: «Nicht-Verletzung»; sich enthalten, einem Lebewesen Leid zuzufügen.

Ajīvika: Eine von Makkhali Gosala, einem Zeitgenossen des Buddha, geführte religiöse Bewegung. Sie bestand bis ins Mittelalter und ging dann in der hinduistischen Pāñcharātra-Kultgemeinschaft auf.

Ālvārs: Die zwölf Dichter-Heiligen des Tamil-Vishnuismus, die zwischen dem 7. und 10. Jahrhundert lebten. Ihre glühenden Hymnen waren ein wesentlicher Beitrag zu der hinduistischen Lehre der persönlichen Hingabe *(bhakti)*. Im 10. Jahrhundert sammelte Nathamuni, der erste Lehrer der südlichen Vishnu-Gläubigen, die Gedichte der Ālvārs in dem Werk *Prabandham* oder *Nalayiram* («Viertausend»), das einen ähnlichen Status wie der Veda erreichte.

Anīshvaravāda: «Nicht-Herr(=Īshvara)-Lehre», also Atheismus. Der indische Atheismus lehnt die Idee einer Schöpfer-Gottheit und eines persönlichen Gottes ab, erkennt aber kosmische Gottheiten an.

Apsarases: Siehe *Gandharvas*.

Arier: «Ariana» (oder Arien), dem östlichen Teil des alten Persien (Iran), zugehörig. Die Sanskrit sprechenden Einwanderer in Indien nannten sich *ārya*, «vornehm» oder «adelig», um sich von den Eingeborenen zu unterscheiden. Die Arier waren ursprünglich eine Rassengruppe, aus deren Sprache sich zahlreiche verwandte Sprachen entwickelten: Sanskrit, Altpersisch, Griechisch, Keltisch u.a. Diese, die indogermanischen Sprachen sprechenden Gruppen hatten den Iran durchquert, bevor sie zu Anfang und in der Mitte des zweiten Jahrtausends v. Chr. in Nordwest-Indien eindrangen. Später diente der Ausdruck *ārya* zur Bezeichnung der obersten der drei Kasten.

Āsana: Eine Körperstellung oder Sitzhaltung im Yoga, vor allem im Hatha-Yoga. Auf dieser dritten Stufe werden die physischen Vorgänge beherrscht.

Āshrama: Ein Ashram (Einsiedelei), ein Ort, an dem Schüler wohnen und mit ihrem spirituellen Lehrer *(guru)* zusammenkommen.

Āshramas: Die vier Stufen eines idealen Lebens, vor allem des Brahmanen-

Lebens: die Stufe des ehelosen Lernenden *(brahmachārin)*, von der Initiation bis zur Heirat; die Zeit als Haushaltsvorstand und Familienvater *(grihastha)*; die Periode, in welcher der Familienvater seinen Besitz aufgibt und in der Zurückgezogenheit als Einsiedler lebt; die letzte Phase, in der er als umherziehender Asket *(sannyāsin)* vom Betteln lebt und die endgültige Befreiung von der Welt zu erreichen versucht.

Āstika: «Orthodoxe» Lehre (wörtl. «es ist»); die heterodoxe Lehre heißt *nāstika* («es ist nicht»).

Asura: Im *Rigveda* gleichbedeutend mit Gott *(deva)*, ein Ehrentitel für Indra und Varuna. Seit der spät-vedischen Zeit eine Bezeichnung für böse Gottheiten, die mit den Ariern im Krieg waren und den Göttern stets feindlich gegenüberstanden.

Ātman: Das ewige Prinzip in den Lebewesen – Seele, Geist oder Selbst –, ein Schlüsselbegriff des Hinduismus; manchmal auf einen universalen Geist bezogen, der das Weltall beseelt. Im System des Advaita-Vedānta wird *ātman* mit dem unpersönlichen *brahman* gleichgesetzt, dem Absoluten, das der scheinbaren Vielfalt der Welt zugrunde liegt. Von einem Standpunkt aus ist der *ātman* in der verborgenen Mitte des Individuums anwesend, von einem anderen aus stützt und trägt sie es und gibt ihm seine Identität. (Siehe auch *Jīva.*)

Avatāra: Eine Inkarnation, «Herabkunft» einer Gottheit zur Erde.

Avidyā: «Unwissenheit»; das Gegenteil von Wissen oder spiritueller Einsicht in das Wesen der Wirklichkeit. In den meisten indischen Überlieferungen ist geistliche Unwissenheit die Wurzel der menschlichen Leiden.

Āyurveda: «Wissen vom langen Leben»; in verschiedenen vedischen Werken dokumentiertes naturheilkundliches System des alten Indien.

Benares: Auch als Varanasi und Kasi bekannt, die wichtigste heilige Stadt, der bedeutendste Wallfahrtsort. An den Ufern des Ganges gelegen, für den Gläubigen an der Schnittstelle des himmlischen Ganges (Milchstraße), des irdischen Ganges und des unsichtbaren unterirdischen Ganges. Ein großer Bezirk rings um die Stadt, mit vielen Tempeln und Schreinen, ist ebenfalls heilig.

Bhakti: Liebende Hingabe an Gott. Der Weg der Gottesliebe *(bhakti-mārga)* ist eines der wichtigsten Kennzeichen des Hinduismus. Er führt zur Erkenntnis durch Anbetung eines persönlichen Gottes.

Bhūtas: Böse Geister, Gespenster oder Dämonen, von niedrigerem Status als menschliche Wesen; unter ihnen die *pishāchas, pretas, rākshasas* u. a. Viele Eingeborene wurden von den Ariern als solche Dämonen angesehen.

Bīja-Mantra: Ein mystischer Buchstabe oder eine mystische Silbe, der wesentliche Teil des Mantras einer Gottheit.

Brahman: «Wachstum», «Ausdehnung», «Entwicklung»; auch «heilige

Kraft», «Letzte Wirklichkeit». Ursprünglich bedeutete *brahman* die im vedischen Opferritual enthaltene Kraft. In den *Upanishads* bezeichnet es das höchste Prinzip, das manchmal unpersönlich, dann wieder persönlich und als Herrscher *Īshvara* vorgestellt wird. Es ist das Absolute, das transzendente Wesen jeder Gestalt des Daseins und daher mit dem *ātman* identisch. Es ist jenseits aller Kategorien von Name und Form transzendent und immanent zugleich.

Brāhmanas: Die Klasse der Priester, die Träger und Vermittler des heiligen Wissens. (Siehe auch *Kaste.*)

Buddhi: «Vernunft», aus der gleichen Wurzel wie «Erleuchtung« abgeleitet; im Sāmkhya-System eine der Stufen in der Entwicklung der Natur. Die Hauptaufgabe der Vernunft ist, auf den Geist *(manas)* das Licht aus dem *ātman* zu übertragen.

Chakra: «Rad», «Diskus», «Kreis»; ein Symbol der Sonne und der kosmischen Ordnung *(rita)*. Im Tantrismus der mystische Name der Räder oder Zentren des geistigen Körpers entlang der Wirbelsäule. In diesen Zentren sind verschiedene Fähigkeiten oder Gottheiten gegenwärtig. Durch das Erwecken und Beherrschen dieser Kräfte kann ein Yogi außerordentliche psychische und physische Kraft erlangen, schließlich auch die zur Befreiung führende Reinigung.

Chandāla: Angehöriger der niedrigsten Klasse, gewöhnlich aus einer Verbindung von Mitgliedern verschiedener Kasten hervorgegangen, besonders häufig von einem *Shūdra*-Vater und einer *Brāhmin*-Mutter. (Siehe auch *Kaste.*)

Chārvāka: Eine materialistische Philosophenschule, die von einem Weisen gleichen Namens begründet worden sein soll; auch Lokāyata genannt. Sie vertritt die Anschauung, daß es jenseits des empirischen Weltalls keine Welt *(loka)* gibt. Die Schule erlebte ihre Blüte vom 6. Jahrhundert v. Chr. bis zu ihrem raschen Verfall im Mittelalter. Die Chārvākas waren Atheisten und lehnten daher Riten ab. Das Bewußtsein erklärten sie als eine aus der besonderen Mischung bestimmter materieller Elemente hervorgegangene Eigenschaft, ähnlich wie aus der Verbindung bestimmter Stoffe Alkohol entsteht.

Chitta: Geistige Aktivität, die durch Yoga-Methoden zur Ruhe gebracht werden soll.

Darshana: Ein religiös-philosophisches System oder ein religiös-philosophischer Standpunkt.

Dhāranā: Im Yoga vollkommene, mit dem Zurückhalten des Atems verbundene Sammlung, in der sich die Auflösung des Geistes vollzieht.

Dhāranī: Schützende Zauberformel oder mystischer Vers.

Dharma: «Gesetz», «Recht», «Sitte», «Pflicht», «Tugend» u. a.; eine spätere Entwicklung des vedischen *rita*, «göttliches Gesetz», besonders bezogen auf die korrekte Durchführung der Opferriten. Onthologisch steht *dharma* für die immanente dynamische Ordnung oder innere Balance aller kosmischen Erscheinungsformen. In der Theologie bezeichnet *dharma* das göttliche Gesetz, in der Erkenntnistheorie die Richtigkeit oder die Wahrheit. Er gilt auch als gleichbedeutend mit *brahman*. Die *Dharma-Sūtras*, die vom 5. bis zum 2. Jahrhundert v. Chr. entstanden sind, befassen sich mit dem menschlichen Verhalten. Die späteren *Dharma-Shāstras* sind ausführliche Darlegungen des *dharma*, darunter die wichtigen *Gesetze des Manu* (*Mānavadharma-Shāstra* oder *Manusmriti*).

Dhyāna: «Versenkung»; die im Hinduismus und im Buddhismus geübte Meditation.

Dīkshā: Siehe *Dvija*.

Dīvāli oder **Dīvāpalī:** «Fest der Lichter», Oktober-November, wenn Lakshmī und Kālī verehrt werden.

Dolā: Das »Schaukel»-Fest, an dem die Bilder der Gottheit geschaukelt werden.

Draviden: Die dravidisch sprechenden Völker Südindiens, die zur Entwicklung des Hinduismus einen wichtigen Beitrag geleistet haben. Die wichtigsten dravidischen Sprachen sind: Tamil, Chanarese oder Kannada, Telugu und Malayalam. Sie können entfernt mit der finno-ugrischen Sprachfamilie in Beziehung gebracht werden.

Drishti: «Sehen» oder «Schauen»; ein philosophischer Gesichtspunkt oder ein philosophisches System.

Durgā-Pūjā: «Verehrung *(pūjā)* von Durgā». Ein Herbstfest in Bengalen, dessen zehnte Nacht mit der Aufführung des Rāma-Spiels (Rāmalīlā) am wichtigsten ist.

Dvija: «Zweimal geboren»; eine Initiationszeremonie *(dīkshā)*, in der ein Guru einen Knaben in eine der drei oberen Kasten aufnimmt. Die Zeremonie findet üblicherweise im Alter von acht bis zwölf Jahren statt; dabei wird dem Jungen die heilige Schnur verliehen, die über der linken Schulter und unter dem rechten Arm getragen wird. Im Tantrismus und im Shivaismus ist der Gläubige nach der Initiation «wiedergeboren»; er wird in geheimes Wissen eingewiesen, das ihm auf seinem Weg zur Befreiung helfen soll.

Ekāgrata: Zielgerichtete «Achtsamkeit»; wird erreicht durch Atemkontrolle und Nichtbeachtung von äußeren Reizen, als Vorbereitung auf *dhāranā*.

Gandharvas: Männliche himmlische Musikanten der Götter. Ihre weiblichen Entsprechungen sind die nymphenähnlichen Apsarases.

Garbhagriha: Der kleine, fensterlose Raum in der Mitte des Tempels, der das Bild der Gottheit birgt, welcher der Tempel geweiht ist.

Gāyatrī oder **Sāvitrī:** Ein kurzes Gebet oder Mantra, an die Sonne (Savitar) gerichtet: «Wir meditieren über das strahlende Licht der göttlichen Sonne. Möge es unseren Geist erleuchten.» Das Gebet wird bei der täglichen Morgen- und Abendandacht von jedem «zweimal geborenen» Gläubigen wiederholt. *Gāyatrī* wird auch als Göttin, die Gemahlin Brahmās, personifiziert.

Gopīs: Die Kuhhirtinnen, bei denen Krishna seine idyllische Kindheit verbrachte.

Grāmadevatās: Orts- oder Dorfgottheiten.

Gunas: Die drei untrennbaren Elemente oder Eigenschaften, welche die Natur ausmachen. *sattva*, «Wesen», «Wahrheit», «Güte»; *rajas*, «Energie», «Tat», «Leidenschaft»; *tamas*, «Masse», «Trägheit», «Dunkelheit». Wenn die drei *gunas* vollkommen ausgeglichen sind, ist keine Gestaltwerdung möglich. Wenn aber das Gleichgewicht gestört ist, führt das Wechselspiel der *gunas* zur Evolution der Natur, und die Schöpfung ereignet sich. Im Charakter eines jeden Lebewesens herrscht ein bestimmter *guna* vor.

Guru: Ein Lehrer des religiösen Wissens und der Yoga-Methoden. Die primäre Bedeutung des Wortes ist «schwer», d.h. schwer von reichem Wissen.

Hamsa: «Gans»; die Wildgans *(Anser indicus)*, die an den Seen Zentralasiens brütet und im Winter in alle Teile Indiens zieht; schon seit vedischen Zeiten von komplexer symbolischer Bedeutung.

Hiranyagarbha: «Goldkeim»; Brahmā (oder Prajāpati), befruchtete die urzeitlichen Wasser und manifestierte sich als goldener Embryo, aus dem sich die Schöpfung entwickelte.

Holī: Ein Frühlingsfest, das ursprünglich mit dem Gott der Liebe, Kāma, verbunden war. Zur Zeit des Festes werden die Kastenschranken und die gesellschaftlichen Grenzen bewußt mißachtet.

Ishtadevatā: Die «erwählte Gottheit», durch die ein Individuum oder eine Gruppe sich der Letzten Wirklichkeit nähert.

Īshvara: «Gebieter», «Herr», «Herrscher»; bezeichnet Gott als persönliches Wesen und höchstes Objekt der Anbetung. Im Advaita-Vedānta-System ist *brahman* vom Standpunkt der höheren Wahrheit aus ohne Eigenschaften oder Attribute, aus der Sicht der Welt jedoch ist er eine persönliche Gottheit mit Eigenschaften.

Īshvaravāda: Glaube an einen höchsten Herrn oder Gott (Theismus). Er schließt einen Glauben an andere Götter nicht aus, die jedoch als der höchsten Gottheit untergeordnet angesehen werden.

Itihāsa: Verschiedene Werke, darunter die Epen, *Purānas* und *Gesetze des Manu*, die zum Hilfskanon des orthodoxen Hinduismus gehören und den Veda ergänzen.

Japa: Eine Andachtsübung, die im Murmeln von Gebeten oder im Wiederholen eines Mantra oder eines Götternamens besteht.

Jāti: Siehe *Kaste.*

Jīva oder **Jīvātmān:** Das empirische Selbst oder die Seele nach der Verkörperung. Das Advaita-Vedānta-System lehrt, daß das empirische Selbst letztlich unwirklich ist, aber in die Folge von Wiedergeburten hineingezogen wird. Die Befreiung kommt mit der Wahrnehmung der Identität von Selbst und *brahman.*

Jīvanmukti: «Erlösung bei Lebzeiten»; der Gläubige, der in diesem Leben Erlösung erreicht hat und bei seinem Tod nicht mehr wiedergeboren wird.

Kaivalya: «Loslösung»; «Vollkommenheit», «Einzigkeit»; der Status der Befreiung durch Mittel des Yoga, in dem die Seele losgelöst wird vom psycho-physischen Organismus, von der Welt und von anderen Seelen.

Kali-Yuga: Die vierte und letzte Periode der kosmischen Entwicklung. Wir leben jetzt in der Periode des «Eisernen Zeitalters», die der Auflösung des Weltalls ummittelbar vorangeht.

Kalpa: Eine ausgedehnte kosmische Zeitperiode, welche die Dauer der Welt bestimmt und 4320 Millionen Menschenjahre währt. Am Ende des Weltalters löst sich das Weltall während der «Nacht Brahmās» in Gestaltlosigkeit auf.

Kāma: «Begehren», «Liebe». Durch Yoga-Methoden soll der *kāma* beseitigt werden, so daß der *ātman* schließlich wieder vom *brahman* aufgenommen werden kann.

Karma: «Tat», «Werk», «Handlung»; das unbedingte Gesetz, das die Wiedergeburt bestimmt. Das *karma* umfaßt auch rituelle und sittliche Handlungen, wie sie von den Veden vorgeschrieben sind. Jede Tat hat eine Wirkung, die einen – ebenfalls *karma* genannten – psychischen Rückstand hinterläßt, der die Seele an die Welt des Daseins bindet.

Kaste: Sanskrit *varna,* ursprünglich «Farbe», dann «sozialer Stand»; später auch *jāti,* «Rang», «Familie», «Geschlecht». In den vedischen Zeiten setzte man vier Klassen von Menschen voraus: Die oberen drei – *brāhmanas* (Brahmanen), *kshatriyas* (Krieger und Adelige) und *vaishyas* (Kaufleute und Bauern) – waren voll in die arische Gemeinschaft integriert und hießen die «zweimal Geborenen» *(dvija).* Die vierte Klasse bestand aus Angehörigen der unterdrückten Bevölkerungsschicht, den *shūdras.* Theoretisch waren die Klassen auf soziale Funktionen und besondere Handwerks- und Gewerbezweige bezogen. Später wurden allmählich Stämme und andere Gruppierungen, auch Mitglieder heterodoxer Kultgemeinschaften wie die Jainas, einbezogen. Schließlich bildete sich eine fünfte Klasse, die «Unberührbaren». Eine ihrer bekanntesten Gruppen sind die *chandālas,* die unangenehme und unreine Arbeiten verrichteten. Obwohl auch die Ausländer «Unberührbare» waren, wurden sie oft einer bestimmten Kaste zugerechnet. So hatten die griechischen Herrscher den Status der *kshatriyas*. Heute sind vor allem in den Städten die Kastenvorschriften immer schwerer einzuhalten. In den früheren Zeiten waren sie der Rahmen für das Zusammenleben verschiedener sozialer und religiöser Gruppen.

Kundalinī: «Geringelt»; eine mythische Schlange, das Symbol der kosmischen Kraft *(shakti)* in jedem Lebewesen.

Linga oder **Lingam:** «Phallus», «Zeichen»; ein Symbol von Shivas Macht über die Natur und alle Lebewesen.

Lokāyata: siehe *Chārvāka*.

Mahāyuga: Siehe *Yuga*.

Makara: Ein mythisches Wassertier, das Symbol des gestaltlosen Zustands des Kosmos; das Reittier oder Gefährt von Varuna und Gangā.

Malas: «Unreinheiten», die nach shivaitischer Lehre die Seele hindern, die Befreiung zu erlangen.

Manas: «Geist»; nach indischer Auffassung eine Art inneres Organ, das Material von den anderen Sinnesorganen koordiniert.

Mandala: Siehe *Yantra*.

Mantra: Eine geheime rituelle Formel, die während der Initiation vom Guru dem Schüler mitgeteilt wird; dann eine heilige, an eine Gottheit gerichtete Formel; ein mystischer, manchmal personifizierter Vers; auch eine Zauberformel. Von Shāktas werden *mantras* gebraucht, um übernatürliche Kräfte zu erreichen. Es gibt siebzig Millionen primäre *mantras* und zahllose abgeleitete. Das höchste *mantra* ist Om, die Verkörperung der ganzen hinduistischen Lehre in gedrängter Form.

Māyā: Hat sehr unterschiedliche Bedeutung, z. B. «Maß»; als Ausdruck des kosmischen Baumeisters Vishvakarman, der die Welt «ausmaß». Zugleich bedeutet *māyā* ungewöhnliche oder übernatürliche Kraft; in den Vedānta-Systemen steht es für Nicht-Erkenntnis und die kosmische Illusion, im Shivaismus eine der Fesseln *(pāshas)* der Seele, im Vishnuismus eine der neun Energien *(shaktis)* Vishnus. Manchmal personifiziert und mit Durgā gleichgesetzt.

Moksha oder **Mukti:** Befreiung von der Folge der wiederholten Geburt und des wiederholten Todes.

Muni: «Weiser», «Seher», «Asket», «Einsiedler»; besonders ein Heiliger, der das Gelübde des Schweigens abgelegt hat.

Nāgas: Schlangengottheiten, die in den Wassern und der schönen unterirdischen Stadt Bhogavati wohnen. Sie haben ein menschliches Gesicht und einen Unterleib wie eine Schlange.

Narakas: «Unterwelten», «Höllen»; eher als Fegefeuer vorzustellen, da die

Seelen – außer in der Auffassung der Madhva-Schule – dort nicht ewig bleiben, weil sie auch Befreiung erlangen können. Die sieben Regionen der *narakas* liegen unter den sieben Regionen des *patala*, der Sphäre verschiedener Geister. Die Lebewesen betreten und verlassen diese Regionen je nach ihrem *karma*.

Nāstika: «Atheistisch»; eine Bezeichnung für heterodoxe Schulen in der hinduistischen Überlieferung. Einige philosophische Systeme des Hinduismus lehnen die Vorstellung eines Schöpfers ab, ohne dabei die Existenz von Göttern und anderen übernatürlichen Wesen im Weltall zu leugnen.

Nirguna-Brahman: «Ohne Attribute», «eigenschaftslos»; als Kennzeichen des höchsten Wesens, des Absoluten, der unbestimmbaren Letzten Wirklichkeit, die notwendigerweise ohne Attribute, Gestalt oder Eigenschaften ist. (Siehe auch *Saguna-Brahman*.)

Nyāya: Ursprünglich ein atheistisches System, das später theistisch wurde.

Om: Das wichtigste *Bīja-Mantra*, ein Zeichen oder eine Manifestation des *brahman* als Laut. Es ist aus drei Lauten zusammengesetzt: *a* - *u* - *m*. Im Sanskrit ist *o* ein aus *a* und *u* zusammengezogener Diphtong, der in Verbindung mit *m* zu einem resonanten, summenden Laut führt, einer mystischen Einheit von Vergangenheit, Gegenwart und Zukunft und alles dessen, was jenseits der Zeit ist. Die drei Elemente des Om verkörpern Brahmā, Vishnu und Shiva, die hinduistische Dreigestalt *(trimūrti)*.

Padma: «Lotos»; ein Symbol der Sonne, der Reinheit, der Vollkommenheit und des materiellen Aspekts der Schöpfung. Die Blütenblätter verkörpern die Schöpfung in der Folge ihrer Formen; die offene Lotosblüte bezeichnet das gestaltgewordene Weltall. Zugleich eine Bezeichnung für die Zentren *(chakras)* des geistigen Körpers.

Padmāsana: «Lotossitz»; eine der gebräuchlichsten Meditationshaltungen.

Parināma: Die «Entwicklung» von etwas schon Bestehendem in einen Zustand, in dem andere, neue Eigenschaften zutage treten.

Prakriti: «Natur», «Materie»; im Gegensatz zum Geist *(purusha)*. *Prakriti* ist die Basis der materiellen Welt, aus der sich nach dem Sāmkhya-System die zahllosen Formen der Welt entwickeln.

Pralaya: «Auflösung»; das Auflösen der Welt in die Gestaltlosigkeit am Ende der Zeiten.

Prasāda: «Gnade»; eine Gunst, die der göttliche Herrscher dem Gläubigen erweist.

Pratyāhāra: Rückzug der Sinne von den äußeren Reizen, die fünfte Stufe des Yoga.

Purusha: «Mensch», «Person», «Mann», übertragen auch «Seele» oder «Geist»; das ewige Element in den Lebewesen. Der kosmische Mensch *(purusha)* verkörpert die träge Natur. Nach einem kosmischen Mythos wurde er von den Schöpfergöttern geopfert. In der rituellen Zerlegung seines Körpers wurde durch seinen Tod die Welt geboren; ihre Elemente entstanden aus seiner Substanz.

Rajas: Siehe *Gunas.*

Rishi: Von den Veden inspirierter Weiser oder Seher, ein Hymnensänger; eine der legendären Persönlichkeiten, denen die heiligen Texte der Hindus offenbart wurden. Das Wort wird manchmal als Ehrenname zeitgenössischen Persönlichkeiten verliehen, die eine besondere Einsicht in die göttliche Wirklichkeit bekundet haben. Ursprünglich gab es sieben legendäre *rishis,* die in späteren Werken als Heroen oder Patriarchen angesehen werden, Verkörperungen des Geistes der mythischen Periode. Bildlich stehen die sieben *rishis* für die sieben Sinne.

Ritu oder **Rita:** «festgesetzte Zeit«, besonders für Opfer und andere regelmäßige Formen der Anbetung; Ordnung, Regel, Gewohnheit. Dieser vedische Ausdruck entwickelte sich im klassischen Hinduismus zur Vorstellung vom *dharma.*

Sadhu: «Heiliger»; ein heiliger Mann, der der Welt entsagt hat, um den Weg zum Absoluten zu gehen.

Saguna-Brahman: Die Vorstellung, als habe das *brahman* Eigenschaften, obwohl es vom höheren Standpunkt aus ohne Eigenschaften und Attribute ist. (Siehe auch *Nirguna-Brahman.*)

Samādhi: Die letzte Stufe des Yoga, die sich in einem entrückten Zustand der Sammlung vollendet.

Sāmkhya: Eines der sechs orthodoxen philosophischen Systeme. Es ist dualistisch und geht auf yogische Mystik zurück. Seine Kosmologie wurde von mehreren anderen Bewegungen übernommen.

Samsāra: Das empirische Dasein und die Folge von wiederholter Geburt und wiederholtem Tod, denen alle Lebewesen unterworfen sind.

Shaiva: Shiva betreffend, Shiva geweiht, Shiva-Verehrer, Shiva-Gläubiger.

Shākta: Shakti betreffend, Shakti geweiht; Shakti-Verehrer, Shakti-Gläubiger.

Shakti: «Kraft», «göttliche Energie» von Gottheiten; in Menschen nimmt sie die Gestalt von *kundalinī* an.

Shāstras: Siehe *Sūtras.*

Shramana: Ein heiliger Mann und umherziehender Asket, der auch religiöser Lehrer sein kann.

Shrishti: «Erschaffung», «Schöpfung» der Welt; Emanation. Das Weltall wird als anfanglos und endlos vorgestellt, in einem unendlichen Aufstieg und Verfall durch ungeheure Zeiträume. Kein indisches System lehrt eine Schöpfung aus dem Nichts.

Shruti: Siehe *Smriti.*

Shūdra: Siehe *Kaste.*

Siddhas oder **Siddhis:** «Vollkommene»; halbgöttliche Menschen, die *siddhi* (Vollkommenheit oder vollkommenes Erreichen eines Ziels) erlangt haben, was ihnen übernatürliche Kräfte verleiht.

Smriti: «Gedächtnis»; auf die Werke bezogen, die erinnert werden – im Unterschied zu dem, «was gehört wird» –, also die vedische Offenbarung *(shruti)*, die von den frühen *rishis* «gesehen» wurde.

Sūtras: Aphoristische Ausführungen, meist Lehrsätze, über Ritualwesen, Familienbrauchtum, Recht u. a. Ausführliche Werke über die *sūtras* heißen *shāstras.*

Svaprakāsha: «Selbstleuchtender Geist». Im Advaita-Vedānta-System manifestiert sich das eine Selbst, *brahman*, in der ganzen Erfahrungswelt. Da es kein Gegenstand des Wissens ist, kann es nur intuitiv erkannt werden.

Tamas: Siehe *Gunas.*

Tapas: «Hitze»; vor allem die durch asketische Übungen erzeugte Hitze. Dabei ist *tapas* sowohl die Ursache der Kraft wie das Mittel, sie zu gewinnen. Es bezieht sich auf ein inneres Feuer, das der äußeren Bedeutung des Feuergottes Agni entspricht. Hier spiegelt sich eine Tendenz der *Upanishads*-Periode, in den Yoga-Systemen Mikrokosmos und Makrokosmos in Beziehung zu setzen.

Tat tvam asi: »Das bist du.» Ein als Mantra gebrauchter Satz, der die grundlegende Einheit von Makrokosmos und Mikrokosmos darstellt. Dabei steht *tat* (das) für *brahman*, das universale Prinzip; *tvam* (du) steht für *ātman*, den individualisierten und subjektiven Aspekt des *brahman.* Der wahrhaft sittliche Mensch setzt sein «Selbst» mit dem «Selbst» aller anderen Lebewesen gleich und freut sich an ihrem Wohlergehen.

Tīrtha: «Heilige Stätte»; ein Wallfahrtsort, meist an einem Flußufer, wo Gläubige zum rituellen Bad zusammenkommen.

Trimūrti: «Dreigestaltig» oder «mit drei Aspekten». Der Lehre von der Dreigestalt der Gottheit entstammt dem klassischen Hinduismus. Der *trimūrti* besteht aus Brahmā (Schöpfer), Vishnu (Erhalter) und Shiva (Zerstörer). Diese drei Aspekte des göttlichen Wesens werden auch mit den drei *gunas* gleichgesetzt.

Upanayana: Eine Initiationszeremonie, der sich alle männlichen Hindus der oberen Kasten im Alter von etwa sieben Jahren unterziehen.

Vaisheshika: Eines der sechs orthodoxen Systeme.

Vaishnava: Vishnu betreffend, Vishnu geweiht; Vishnu-Verehrer, Vishnu-Gläubiger.

Vaishya: Siehe *Kaste.*

Vāmāchāra: Die sogenannten «linkshändigen» Formen des Tantrismus, die unter rituellen Bedingungen das Durchbrechen gesellschaftlicher Verbote und Regeln vorsehen.

Varna: Siehe *Kaste.*

Vāsanā: «Prägung»; die von jedem Gedanken oder jeder Handlung zurückbleibende Spur; eine Ursache spiritueller Unwissenheit *(avidyā)*, die Entfremdung hervorbringt.

Veda: «Wissen»; besonders das heilige Wissen, das mündlich überliefert wurde und das der ersten Periode des Hinduismus zugrunde liegt.

Vedāngas: «Glieder des Veda»; Hilfswissenschaften zum Veda, darunter Opfertechniken, Phonetik, Verskunst, Etymologie, Grammatik und Astrologie.

Vedānta: Philosophische Systeme, darunter Advaita-Vedānta, Dvaita-Vedānta.

Vibhūti: Wunderkräfte, gleichbedeutend mit den *siddhis*, vor allem Shiva zugeschrieben, die durch geübte Yogis erlangt werden können.

Vidyā oder **Jñāna:** «Wissen» oder spirituelle «Einsicht», im Gegensatz zu spirituellem Unverständnis oder spiritueller Unwissenheit.

Vira: «Held»; ein Beiname der vedischen Götter, wie Indra und Vishnu, aber auch jedes bedeutenden *siddha*, der durch *tapas* (Askese) alle irdischen Hindernisse überwunden hat.

Vrindāvana oder **Brindaban:** Der Schauplatz von Krishnas Taten und daher ein wichtiger Wallfahrtsort für Vishnu-Gläubige.

Yakshas: Kollektivbezeichnung für geheimnisvolle Pflanzengottheiten oder Geister ländlicher Gemeinschaften. Ihre Verehrung geht auf vorvedische Zeiten zurück.

Yama: Der Richter und Herr der Toten.

Yantra oder **Mandala:** Eine geometrische Figur, die eine Gottheit, eine Kraft oder ein Element im Universum darstellt. Sie gibt Kraft über die Gottheit oder verleiht Identifikation mit ihr und ist ein Hilfsmittel zur Anregung der «inneren Verbildlichung» oder Meditation.

Yogi: Anhänger eines Yoga-Systems.

Yoni: «Vulva»; weibliches Geschlechtsorgan, als runder Gegenstand mit einem Loch in der Mitte dargestellt. Der *yoni* ist das Gegenstück zum *lingam*. In ihrer Vereinigung symbolisieren sie die göttliche Zeugungskraft.

Yuga: «Weltalter»; jedes der einundsiebzig *mahāyugas* (jeweils 4 320 000 Jahre) zerfällt in vier *yugas*; jedes *yuga* wird begleitet vom fortschreitenden physischen und moralischen Verfall des Menschen.

Literaturhinweise

Basistexte

Arnold, Edwin / Hartmann, Franz (Übers.): *Die Bhagavad Gita oder Das Hohe Lied*, poet. Fassung, München 1975 (3. A.).

Ashtavakra-Gītā, Übersetzung s. Schroeder / Zimmer 1983.

Ātmabodha, Übersetzungen s. Menon 1964; Nikhilananda 1956.

Bäumer, Bettina (Übers.): *Befreiung zum Sein. Auswahl aus den «Upanishaden»*, Zürich 1986.

–: *Patānjali. Die Wurzeln des Yoga* (Yoga-Sūtras), kommentiert v. P. Y. Deshpande, Bern 1976

Bhagavad-Gītā, Übersetzungen s. Arnold / Hartmann 1975, 1980; Boxberger 1955; Dünnebier 1989: Garbe 1978; Hartmann 1980; Kappes/Hinder 1981; Krämer 1984; Lienhard 1958; Mylius 1984; Richter 1983: Schroeder / Zimmer 1985.

Bhakti-Sutras, Übersetzung s. Schang 1980.

Bhoosnurmath, S. S. / Menezes, L. M. A. (Übers.): *Sūnyasampādana*, Bd. 2 u. 3, Dharwar 1968 / 69.

Bloomfield, Maurice (Übers.): *Hymns of the Atharva-Veda*, Sacred Books of the East, Bd. XLII, Oxford 1897 u. ö.

Bose, Abinash Chandra (Übers.): *Hymns from the Vedas*, New York 1966.

Boxberger, Robert (Übers.): *Bhagavadgita. Das Lied der Gottheit*, bearb. u. komm. v. Helmuth v. Glasenapp, Stuttgart 1955.

Bühler, Georg (Übers.): *The Laws of Manu*, Sacred Books of the East, Bd. XXV, New York 1969 (NA).

Chandiramani, G. L. (Übers.): *Pantschatantra. Das Fabelbuch des Pandit Wischnu Scharma*, Düsseldorf / Köln 1971.

Cowell, E. B. / Gough, A. E. (Übers.): *Mādhavāchārya. Sarvadarshana-Samgraha*, London 1914.

Deussen, Paul (Übers.): *Sechzig Upanishad's des Veda*, Leipzig 1905 u. ö.

–: *Die Sutras des Vedanta*, Leipzig 1887.

Dünnebier, J. (Übers.): *Bhagavadgita*, München 1989.

Friedrichs, Kurt (Übers.): *Vidyāranya. Pañchadashi*, nach dem Engl. v. Hari Prasad Shastri, Vedanta-Zentrum Wiesbaden, Fulda 1983.

–: *Valmiki. Yoga-Vasishtha*, nach dem Engl. v. Hari Prasad Shasti, Vedanta-Zentrum Wiesbaden, Fulda 1981.

Garbé, Richard (Übers.): *Die Bhagavadgita*, Darmstadt 1978.

Geldner, Karl F. (Übers.): *Der Rigveda*, 4 Bde., Göttingen 1923, 1951/57.

Ghate, V. S.: *The Vedanta Bhardarkar*, Poona 1926.

Gotama, Übersetzung s. Vidyabhushana 1911/23.

Graul, Karl (Übers.): *Tamulidische Schriften zur Erläuterung des Vedanta-Systems*, Osnabrück 1969 (NA).

Griffity, Ralph T. H. (Übers.): *The Hymns of the Rigveda*, Varanasi 1963.

Hartmann, Franz (Übers.): *Die Bhagavadgita. Das Lied von der Gottheit oder Die Lehre vom göttlichen Sein und von der Unsterblichkeit*, Prosafassung, München 1980 (3. A.).

Hillebrandt, Alfred (Übers.): *Upanishaden*, Düsseldorf/Köln 1984 (39. Tsd.).

Hohenberger, A.: *Ramanuja. Ein Philosoph indischer Gottesmystik. Seine Lebensanschauung nach den wichtigsten Quellen dargestellt*, Bonner Orient. Studien, Nr. 10, Wiesbaden 1960.

–: *Ramanuja's Vedantadipa*, Bonner Orient. Studien, Nr. 14, Wiesbaden 1964.

Holtzmann, A. (Übers.): *Das Mahabharata und seine Teile*, 4 Bde. in 1 Bd., Osnabrück 1971 (NA).

Hume, R. E. (Übers.): *The Thirteen Principal Upanishads*, Oxford 1931.

Jacobi, Hermann (Übers.): *Jaina Sutras*, Sacred Books of the East, Bd. XXII, XLV, Oxford 1895 u. ö.

–: *Das Ramayana. Geschichte und Inhalt, nebst Concordanz der gedruckten Rezensionen*, Darmstadt 1976 (NA).

Jaimini, Übersetzung s. Jha 1916; Thadani 1952.

Jha, Ganganatha (Übers.): *Jaimini. Pūrva-Mīmāmsā-Sūtra*, Allahabad 1916.

Kappes, Heinz/Hinder, Rolf (Übers.): *Bhagavadgita*, nach dem Engl. v. Sri Aurobindo, Gladenbach 1981.

Kernwart, E. A. (Übers.): *Die Uttara Gita oder Die Initiation Arjunas durch Sri Krishna in Yoga und Jnana*, München 1973.

Krämer, Ilse (Übers.): *Bhagavadgita. Gesang des Erhabenen*, nach dem Engl. v. Swami Prabhavanada u. Christopher Isherwood, Freiburg 1984 (4. A.).

Lienhard, Siegfried (Übers.): *Die Bhagavadgita*, mit Einl. u. Komm. v. S. Radhakrishnan, Baden-Baden 1958.

Mādhavāchārya, Übersetzung s. Cowell/Gough 1914.

Mahābhārata, Übersetzungen s. Holtzmann 1971; Roy 1961.

Mangoldt, Ursula v. (Übers.): *Shankara. Das Kleinod der Unterscheidung* (Viveka-Chūdāmani), Bern 1981 (bearb. NA).

Menon, V. P. N. (Übers.): *Atma Bodha*, Palghat 1964.

Mīmāmsā-Sūtra, Übersetzungen s. Jha 1961; Thadani 1952.

Müller, Max (Übers.): *The Upanishads*, Sacred Books of the East, Bd. XV, Oxford 1884 u. ö.

–: *Vedic Hymns*, Sacred Books of the East, Bd. XXXII u. XLVI, Oxford 1897 u. ö.

Mylius, Klaus (Übers.): *Die Bhagavadgita*, Leipzig 1984 (2. A.).
Nandimath, S. C./Menezes, L. M. A./Hiremath, R. C. (Übers.): *Sūnya-sampādana*, Bd. 1, Dharwar 1965.
Nārada, Übersetzung s. Schang 1980.
Nikhilananda (Übers.): *Atmabodha*, Frankfurt/M. 1956.
–: *Die Katha-Upanishad. Von der Unsterblichkeit des Selbst*, Bern 1989.
–: *The Upanishads*, 4 Bde., New York 1949.
Nyāya-Sūtras, Übersetzungen s. Ruben 1928; Vidyabhushana 1911/23.
Otto, Rudolf (Übers.): *Siddhānta des Ramanuja*, Jena 1917.
Pañchadashi, Übersetzung s. Friedrichs 1983.
Pañchatantra, Übersetzung s. Chandiramani 1971.
Patañjali, Übersetzung s. Bäumer 1976.
Prabhavananda, Swami/Dispeker, Frank (Übers.): *Die schönsten Upanischaden*, Zürich 1951.
Radhakrishnan, Sarvepalli (Übers.): *The Principal Upanishads*, London 1953.
Rāmānuja, Übersetzungen s. Hohenberger 1960, 1964; Otto 1917.
Rāmāyana, (Teil-)Übersetzungen s. Jacobi 1976; Schmölders 1983; Simon 1977.
Richter, Egbert (Übers.): *Im Wandel das Bleibende. Vier Upanischaden. Mundaka, Katha, Isha, Shvetashvatara*, Bremen 1969.
–: *Gesang des Erleuchteten (Bhagavadgita)*, Bremen 1983 (4. A.).
Rigveda, Übersetzungen s. Geldner 1951/57; Thieme 1964; Wilson 1977.
Roy, Biren (Hrsg.)/Roemer, Elisabeth (Übers.): *Mahabharata. Indiens großes Epos*, Düsseldorf/Köln 1961 u. ö.
Ruben, Walter (Übers.): *Die Nyāyasutra's*, Leipzig 1928.
Sarvadarshana-Samgraha, Übersetzung s. Cowell/Gough 1914.
Schang, Doris (Übers.): *Narada, Bhakti Sutras*, Stühlingen 1980.
–: *Shankara. Bhaja Govindam. Eine Hymne der Entsagung*, Stühlingen 1980.
Schmölders, Claudia (Übers.): *Das Ramayana des Valmiki*, Düsseldorf/Köln 1983.
Schroeder, Leopold v./Zimmer, Heinrich (Übers.): *Bhagavadgita-Aschtavakragita. Indiens heilige Gesänge*, Düsseldorf/Köln 1985 (4. A.).
Shankara, Übersetzungen s. Mangoldt 1981; Schang 1980.
Shastri, V. L. (Übers.): *One Hundred and Ten Upanishads*, Bombay 1948.
Shūnyasampādana, Übersetzungen s. Bhoosnurmath 1968/69; Nandimath 1965.
Siddhānta, Übersetzung s. Otto 1917.
Simon, Richard (Übers.): *Die Erzählungen des Affen Hanumat*, Saarbrücken 1977.
Smith, H. Daniel (Übers.): *Selections from Vedic Hymns*, Berkeley 1968.
Thadani, N. V. (Übers.): *Mimamsa. The Secret of the Sacred Books of the Hindus*, Delhi 1952.
Thibaut, George (Übers.): *Bādarayāna. Vedānta Sūtras*, Sacred Books of the East, Bd. XXXIV, XXXVIII, XLVIII, Oxford 1890/1904.
Thieme, Paul (Übers.): *Gedichte aus dem Rig-Veda*, Stuttgart 1964.

–: *Upanischaden*, Stuttgart 1966.
Upanischaden, Übersetzungen s. Bäumer 1986; Deussen 1905; Hillebrandt 1984; Hume 1931; Müller 1884; Nikhilananda 1949, 1989; Prabhavananda/Dispeker 1951; Radhakrishnan 1953; Richter 1969; Shastri 1948; Thieme 1966.
Uttara-Gītā, Übersetzung s. Kernwart 1973.
Valmiki, Übersetzungen s. Friedrichs 1981; Jacobi 1976; Schmölders 1983.
Vedāntadipa, Übersetzung s. Hohenberger 1964.
Vedānta-Sūtras, Übersetzungen s. Deussen 1887; Thibaut 1890/1904.
Veden, (Teil-)Übersetzungen s. Bloomfield 1897; Bose 1966; Geldner 1923, 1951/57; Griffity 1963; Hillebrandt 1983; Müller 1897; Smith 1968; Thieme 1964.
Vidyabhushana, S. (Übers.): *The Nyāya Sūtras of Gotama*, Allahabad 1911–23.
Vidyāranaya, Übersetzung s. Friedrichs 1983.
Weiss, Hartmut (Übers.): *Quellen des Yoga. Klassische Texte der Körper- und Geistesschulung*, Bern 1986.
Wilson, H. H. (Übers.): *Rig-Veda Samhita. A Collection of Ancient Hindu Hymns of the Reg-Veda*, New Delhi 1977 (NA).
Yoga-Vasishtha, Übersetzung s. Friedrichs 1981.

Sekundärliteratur

Abhedananda, Swami: *How to Be a Yogi*, Kalkutta 1943.
–: *The Sayings of Ramakrishna*, Kalkutta 1946.
Abhishiktananda *Guru and Disciple*, London 1974.
Abs, P. Joseph: *Indiens Religion. Der Sanatana-Dharma. Eine Darstellung des Hinduismus*, Bonn 1923.
Allen, Marcus: *Tantra im Westen*, Dachsberg 1981.
Anandamayi Ma: *Matri Vani*, 2 Bde., Varanasi 1977.
–: *Worte der glückseligen Mutter*, Heiligkreuzsteinach 1980.
Aurobindo, Sri: *Badschi Prabhu. Ein indisches Heldengedicht*, Planegg 1976.
–: *Briefe über den Yoga*, 4 Bde., München 1978/83.
–: *Essays über die Gita*, Gladenbach 1977.
–: *Flammenworte*, Planegg 1972.
–: *Gedanken und Aphorismen*, Planegg o.J.
–: *Gedichte*, Planegg 1974.
–: *Das Geheimnis des Veda*, Gladenbach 1987.
–: *Das Göttliche Leben*, 3 Bde., Gladenbach 1974/75.
–: *Das Göttliche Leben auf Erden*, Planegg 1983.
–: *Die Grundlagen der indischen Kultur*, Gladenbach 1984.
–: *Das Ideal einer geeinten Menschheit*, Gladenbach 1982.
–: *Der integrale Yoga*, Reinbek o.J.

–: *Kaskaden des Lichts*, 4 Bde., Planegg 1977.
–: *Licht auf Yoga*, Gladenbach 1990 (2. A.).
–: *Die Mutter – The Mother*, Planegg 1971.
–: *Das Rätsel dieser Welt*, Planegg 1977 (NA).
–: *Savitri. Legende und Sinnbild*, Gladenbach 1985.
–: *Die Synthese des Yoga*, Gladenbach 1991 (3. A.).
–: *Zyklus der menschlichen Entwicklung*, Planegg 1983.
–/Mutter, Die: *Botschaften und Verwirklichungen*, Planegg 1974.
–/Mutter, Die: *Handbuch des integralen Yoga*, Planegg 1991 (2. A.).
–/Mutter, Die: *Über die Liebe*, Planegg 1977.
–/Mutter, Die: *Über Heilung*, Planegg 1989 (2. A.).
–/Mutter, Die: *Einführung zu Sawitri*, Planegg 1975.
Avalon, Arthur: *Die Girlande der Buchstaben. Varnamālā – Studien über das Mantra-Shāstra*, Bern 1987 (NA).
–: *Die Schlangenkraft. Die Erfahrung schöpferischer Kräfte im Menschen*, Bern 1982 (3. A.).
–: *Shakti und Shakra. Lehre und Ritual der Tantras*, Bern 1987 (NA).
Besant, Annie: *Raja-Yoga – der königliche Yoga*, München 1984.
Bhandarkar, R. G.: *Vaisnavism, Saivism, and Other Minor Religious Systems*, Straßburg 1913.
Bharati, Agehananda: *Die Tantra-Tradition*, Freiburg 1977.
Bhave, Vinoba: *Gespräche über die Gita*, Gladenbach 1974.
Bishop, Donald H. (Hrsg.): *Indian Thought*, New Delhi 1975.
Blache, Jacques u. a.: *Die Wege des Yoga. Die Grundgedanken der großen Schulen der Yoga-Tradition*, Bern 1990.
Bohm, Werner: *Die Wurzeln der Kraft, Chakras – die Kraft der Lotosblumen*, Bern 1980 (NA).
Bose, A. C.: *The Call of the Vedas*, Bombay 1960.
Brunton, Paul: *Als Einsiedler im Himalaya*, Bern 1975 (NA).
–: *Entdecke dich selbst*, Freiburg 1985.
–: *Die Philosophie der Wahrheit. Tiefster Grund des Yoga*, Freiburg 1978 (3. A.).
–: *Der Weg nach Innen*, Bern 1978 (7. A.).
–: *Von Yogis, Magiern und Fakiren*, München 1983.
Bruteau, Beatrice: *Worthy to the World. The Hindu Philosophy of Sri Aurobindo*, Cranbury 1971.
Chattopadhyaya, D.: *Lokayata. A Study in Ancient Indian Materialism*, New Delhi 1959.
Chaudhuri, Haridas: *Integral Yoga*, London 1965.
Chetananda, Swami: *Meditation und ihre Methoden im Vedanta*, Vedanta-Zentrum Wiesbaden, Fulda 1979.
Chinmoy, Sri: *Tod und Wiedergeburt*, Zürich 1982 (2. verb. A.).
–: *Yoga und das spirituelle Leben*, Zürich 1982 (3. verb. A.).
Colaco, Paul: *The Absolute in the Philosophy of Aurobindo Ghose*, Rom 1954.
Conio, Caterina: *Der Hinduismus. Geistlicher Gehalt, Geschichte, religiöses Leben*, Aschaffenburg 1984.

Das, A. C.: *A Modern Incarnation of God*, Kalkutta 1958.
Dasgupta, Surendranath: *A History of Indian Philosophy*, 5 Bde., Cambridge 1963 u.ö.
–: *A History of Sanskrit Literature*. Classical Period, Bd. 1, Kalkutta 1947.
–: *Indian Idealism*, Cambridge 1962 (NA).
Date, V. H.: *Brahma Yoga of the Gītā*, Bombay 1970.
David-Néel, Alexandra: *Mein Indien*, Bern 1990.
De Bary, William Th.: *Sources of Indian Tradition*, New York 1964.
Deussen, Paul: *Allgemeine Geschichte der Philosophie, mit besonderer Berücksichtigung der Religionen*, Bd. 1–3, Leipzig 1894/1908 u.ö. Bd. 1: *Allgemeine Einleitung und Philosophie des Veda bis auf die Upanishad's;* Bd. 2: *Die Philosophie der Upanishad's;* Bd. 3: *Die nachvedische Philosophie der Inder.*
–: *Vier philosophische Texte des Mahabharata*, Bielefeld 1980 (NA).
Deutsch, Eliot: *Advaita Vedanta. A Philosophical Reconstruction*, Honululu 1969.
–/Buitenen, J. A. B. v.: *A Source Book of Advaita Vedanta*, Honululu 1971.
Devamata, Schw.: *Indische Klostertage*, Vedanta-Zentrum Wiesbaden, Fulda 1977.
Dhavamony, Mariasusai: *Love of God According to the Saiva Siddhānta*, Oxford 1971.
Distelbarth, Margret/Fuchs, Rudolf: *Umgang mit der Upanishad. Ishavasya-Upanishad*, Gladenbach 1982.
Diwakar, R. R.: *Mahayogi Sri Aurobindo*, Bombay 1962.
Donnelly, Morwenna: *Die Gründung des göttlichen Lebens. Einführung in den Integralen Yoga*, Bietigheim 1973.
Douglas, Nik/Slinger, Penny: *Das große Buch des Tantra*, Basel 1985.
Dowson, John: *A Classical Dictionary of Hindu Mythology and Religion, Geography, History and Literature*, London 1950.
Dunn, Jean (Hrsg.): *Seeds of Consciousness, The Wisdom of Sri Nisargadatta Maharaj*, New York 1982.
Easwaran, Eknath: *Dialogue with Death. The Spiritual Psychology of the Katha Upanishad*, Petaluma, Cal., 1981.
Eliade, Mircea: *Yoga. Unsterblichkeit und Freiheit*, Frankfurt/M. 1985.
Embree, A. T. (Hrsg.): *The Hindu Tradition*, New York 1966.
Farquhar, J. N.: *Modern Religious Movements in India*, New York 1918.
Feuerstein, Georg A.: *The Essence of Yoga*, London 1974.
–: *Introduction to the Bhagavad Gītā*, London 1974.
–: *Textbook of Yoga*, London 1975.
–/Miller, Jeanine: *A Reappraisal of Yoga*, London 1971.
Frauwallner, Erich: *Geschichte der indischen Philosophie*, 2 Bde., Salzburg 1953/56.
Gail, Adalbert: *Bhakti im Bhagavatapurana*, Münch. indol. Studien, Nr. 6, Wiesbaden 1969.
Gandhi, Mohandas Karamchand: *Gewaltfrei leben*. Ausgew. Texte, Zürich 1992.

Garber, William: *The Mind of India*, New York 1967.
Garrison, Omar: *Tantra. The Yoga of Sex*, New York 1964.
Gehrts, Heino: *Mahabharata. Das Geschehen und seine Bedeutung*, Abh. z. Kunst-, Musik- u. Litwiss., Nr. 178, Bonn 1975.
Ghate, V. S.: *Le Vedanta*, Paris 1918.
Glasenapp, Helmuth v.: *Von Buddha zu Gandhi*, Wiesbaden 1962.
–: *Der Hinduismus, Religion und Gesellschaft im heutigen Indien*, Hildesheim 1978 (NA).
–: *Indische Geisteswelt* (Sonderausg. v. *Glaube und Weisheit der Hindus* und *Weltliche Dichtung* ... in 1 Bd.), Baden-Baden 1958.
–: *Die Literaturen Indiens*, Stuttgart 1961.
–: *Der Stufenweg zum Göttlichen*, Baden-Baden 1948.
Gonda, Jan: *Die Religionen Indiens. Veda / Hinduismus*, 2 Bde., Stuttgart 1963/78 (Die Religionen der Menschheit, Bd. 11/12).
Goudriaan, Teun / Gupta, Sanjukta: *Hindu Tantric and Sakta Literature*, Wiesbaden 1981.
Gutschow, N. / Michaels, A.: *Benares. Tempel und religiöses Leben in der heiligen Stadt der Hindus*, Köln 1993.
Hacker, Paul: *Die Schüler Śaṁkaras,* Wiesbaden 1951.
Hanefeld, Erhardt: *Philosophische Haupttexte der älteren Upanisaden*, Freiburger Beitr. z. Indologie, Nr. 9, Wiesbaden 1976.
Hanson, Virginia u. a. (Hrsg.): *Karma. Wie unser Tun zum Schicksal wird*, Bern 1992.
Hariharananda, Swami: *Kriya Yoga. Einführung in den geistigen Weg Sri Yukteswars und Yoganandas*, München 1983.
Hauer, J. E.: *Der Joga. Ein indischer Weg zum Selbst*, Südergellersen 1983.
Hey, Birgit: *Die sanfte Kraft der indischen Naturheilkunde. Ayurveda – die Wissenschaft vom langen Leben*, Bern 1983.
Hinze, Oscar Marcel: *Tantra Vidya. Wissenschaft des Tantra*, Freiburg 1983.
Hiriyanna, M.: *Essentials of Indian Philosophy*, London 1967.
–: *Outlines of Indian Philosophy*, London 1951.
Inhoffen, Hubertus v.: *Yoga. Wissen der Vergangenheit – Wissenschaft der Zukunft*, München 1983.
Isherwood, Christopher: *Vedanta und wir*, Zürich 1959.
Iyengar, B. K. S.: *Der Baum des Yoga (Yoga Vriksha)*, Bern 1991.
–: *Licht auf Pranayama*, Bern 1984.
–: *Licht auf Yoga*, Bern 1992 (2. A.).
Kapur, Daryai Lal: *Gespräche mit Sawan Singh. Die Sant-Mat-Philosophie und der Surat-Shabd-Yoga*, Freiburg 1982.
Keilhauer, Anneliese u. Peter: *Die Bildsprache des Hinduismus*, Köln 1986 (2. A.).
Keith, A. B.: *A History ot the Sāmkhya Philosophy*, Delhi 1975.
Khanna, Madu: *Das große Yantra-Buch*, Freiburg 1980.
Kinsley, David R.: *Flöte und Schwert. Krishna und Kali*, Bern 1979.
–: *Indische Göttinnen. Weibliche Gottheiten im Hinduismus*, Frankfurt/M. 1990.

Kramrisch, Stella: *Indische Kunst*, London 1955.
Krishna, Gopi: *Höheres Bewußtsein. Die evolutionäre Kundalini-Kraft*, Freiburg 1975.
–: *Kundalini. Erweckung der geistigen Kraft im Menschen*, Bern 1983 (NA).
–: *Über Bewußtseinserweiterung, Meditation und Yoga*, Stuttgart 1985.
Krishnamurti, Jiddu: *Antworten auf Fragen des Lebens*, Freiburg 1992.
–: *Einbruch in die Freiheit*, Berlin 1973.
–: *Fragen und Antworten*, München 1985.
–: *Frei sein!*, Bern o. J.
–: *Gespräche über das Sein*, Bern 1977.
–: *Ideal und Wirklichkeit*, Bern 1987 (4. A.).
–: *In Kommunion mit dem Leben*, Hopferau-Heimen o. J.
–: *Konflikt und Klarheit*, Bern 1983 (3. A.).
–: *Leben*, Frankfurt/M. 1983 (6. A.)
–: *Leben ohne Illusion*, Hopferau-Heimen 1982.
–: *Leidlos inmitten der Welt*, Hopferau-Heimen 1983.
–: *Das Netz der Gedanken*, Hopferau-Heimen 1983.
–: *Religiöse Erneuerung*, Bern 1978 (2. A.).
–: *Revolution durch Meditation*, Bern 1986 (3. A.).
–: *Schöpferische Freiheit*, Bern 1991 (5. A.).
–: *Das Tor zu neuem Leben*, Hopferau-Heimen 1981.
–: *Verstand und Liebe*, Bern 1991 (2. A.).
–: *Der Weg aus dem Chaos*, Hopferau-Heimen 1983.
–: *Wegweiser zum wahren Leben*, Freiburg 1961.
–/ Bohm, David: *Vom Werden zum Sein*, Bern 1987.
Küng, Hans / Stietencron, Heinrich v.: *Christentum und Weltreligionen II*, Gütersloh 1987 (NA 1991).
Lemaitre, Solange: *Ramakrishna*, Reinbek 1963.
Le Saux, Henri: *Das Feuer der Weisheit*, Bern 1979.
–: *Der Weg zum anderen Ufer. Die Spiritualität der Upanishaden*, Düsseldorf/Köln 1980.
Lexikon der östlichen Weisheitslehren. Buddhismus, Hinduismus, Taoismus, Zen, Bern 1986.
Lord, A. B.: *Singer of Tales*, Cambridge, Mass., 1960.
Macdonnell, A. A.: *The Vedic Mythology*, New Delhi 1971.
Mahadevan, T. M. P.: *The Philosophy of Advaita*, Madras 1957.
Majumdar, R. V.: *The Vedic Age*, London 1951.
Maschmann, Melitta: *Eine ganz gewöhnliche Heilige. Indienfahrt mit der bedeutendsten Hindu-Heiligen der Neuzeit*, München 1992 (Knaur Tb 86015).
Matilal, B. K.: *Nyaya-Vaisesika*, Wiesbaden 1977.
Michell, George: *Der Hindu-Tempel. Baukunst einer Weltreligion*, Köln 1991.
Mishra, Rammurti S.: *Vollendung durch Yoga. Lehrbuch des Raja-Yoga*, Bern 1985 (NA).
Mookerjee, Ajit: *Kundalini. Die Erweckung der inneren Energie*, Basel 1984.

–: *Tantra Asana*, Basel 1971.
–/Khanna, Madhu: *Die Welt des Tantra in Bild und Deutung*, Bern 1978.
Mukerji, Dhan Gopal: *Das Antlitz des Schweigens*, München 1938.
Muktananda, Paramahamsa: *Kundalini. Die Erweckung der kosmischen Energie im Menschen*, Freiburg 1982 (2. A.).
–: *Das Mantra So'Ham, Eine Meditationstechnik für jedermann*, Freiburg 1986 (3. A.).
–: *Spiel des Bewußtseins – Chitshakti Vilas. Die geheime Kundalini-Praxis*, Freiburg 1986.
–: *Von der Natur Gottes. Der Siddha-Yoga-Weg zum höchsten Ziel*, Freiburg 1979.
Murty, Satchidananda: *Revelation and Reasons in Advaita Vedanta*, New York 1959.
Mylius, Klaus: *Geschichte der altindischen Literatur*, Bern 1988.
–: *Wörterbuch Sanskrit-Deutsch; Deutsch-Sanskrit*, 2 Bde., München 1992 (4. bzw. 2. A.).
Nandimath, S. C.: *A Handbook of Vīraśaivism*, Dhawar 1942.
Narayanananda, Swami: *Das ideale Leben und Freiheit*, Efringen-Kirchen 1982.
–: *Das Mysterium von Mensch, Geist und Geistesfunktionen*, Efringen-Kirchen 1984.
–: *Die Urkraft im Menschen – Kundalini Shakti*, Efringen-Kirchen 1981.
–: *Der Weg zur Erleuchtung (Samadhi)*, Efringen-Kirchen 1985 (2. A.).
Nicolas, Antonio T. de: *Meditations Through the Rg Veda*. Boulder, Col., 1978.
–: *Der Hinduismus*, München 1960.
–: *Vivekananda. Leben und Werk*, München 1972.
Nisargadatta Maharaj: *Ich bin*, Berlin 1980.
Nityabodhananda, Swami: *Mythes et religions de l'Inde*, Paris 1967.
–: *Science du Yoga*, Paris 1965.
–: *Wahrheit und Toleranz*, Stuttgart 1964.
Osborne, Arthur: *The Incredible Sai Baba*, London 1972.
–(Hrsg.): *Ramana Maharshi. Seine Lehren*, München 1983.
Otto, Rudolf: *Die Lehrtraktate der Bhagavad-Gita*, Tübingen 1935.
–: *Die Urgestalt der Bhagavad-Gita*, Tübingen 1934.
Pandit, Sri Madhav P.: *Guide to the Upanishads*, Pondicherry 1967.
–: *Kundalini-Yoga*, München 1981 (2. A.).
–: *The Teaching of Sri Aurobindo*, Madras 1959.
–: *Verbotene Aspekte im Leben*, Südergellersen 1984.
–: *The Yoga of Knowledge*, Pomona, Cal., 1979.
–: *The Yoga of Works*, Pondicherry 1976.
Paradkar, M. D.: *Studies in the Gītā*, Bombay 1970.
Pelet, Emma v.: *Worte des Ramakrishna*, Leipzig 1930.
Prabhavananda, Swami/Isherwood, Christopher: *Gotterkenntnis durch Yoga*, München 1962.

–/Manchester, Frederick: *The Spiritual Heritage of India*, New York 1963.
Prem, Shri Krishna: *The Yoga of the Bhagavad Gita*, London 1938.
Radha, Swami Sivananda: *Kundalini Yoga for the West*, Boulder, Col., 1981.
Radhakrishnan, Sarvepalli: *The Brahma Sutra. The Philosophy of Spiritual Life*, London 1927.
–: *Indische Philosophie*, Darmstadt 1955.
–: *Die Lebensanschauung der Hindus*, Leipzig 1928.
–: *The Philosophy of the Upanishads*, London 1924.
Rajagopalachari, P.: *Der Meister*, Bern 1977.
Raju, P. T.: *The Philosophical Traditions of India*, London 1971.
Ramakrishna, Sri: *Leben und Gleichnis*, Bern 1983.
–: *Setzt Gott keine Grenzen*, Freiburg 1984.
–: *Das Vermächtnis*, Bern 1981.
Ramana Maharshi: *Gespräche des Weisen vom Berge Arunachala*, Interlaken 1984.
–: *Die Suche nach dem Selbst*, Interlaken 1985 (2. A.).
Ramanujan, A. K.: *Speaking of Shiva*, Harmondsworth, Middlesex, 1963.
Renou, Louis: *The Destiny of the Veda in India*, New Delhi 1965.
–: *Religions of Ancient India*, New York 1968.
Rolland, Romain: *Das Leben des Ramakrishna*, Oberwil 1986.
–: *Mahatma Gandhi*, Erlenbach/ZH 1923.
–: *Vivekananda*, 2 Bde., Leipzig 1930.
Roy, A.: *Sri Aurobindo and the New Age*, London 1940.
Roy, Dilip Kumar/Devi, Indra: *Der Weg der großen Yogis*, Frankfurt/M. 1977.
Sadhu, Mouni; *Meditation*, London 1967.
–: *Samadhi*, London 1962.
Saradananda, Swami: *Sri Ramakrishna. The Great Master*, Madras 1956.
Saraswati, Swami K.: *Die Bhagavadgita im täglichen Leben*, Südergellersen 1984.
Sarma, D. S.: *Hinduism Through the Ages*, Bombay 1967.
–: *What is Hinduism?*, Mylapore 1941.
Sarma, K. Lakshma: *Maha Yoga. Die Lehren Sri Ramana Maharshis*, Frankfurt/M. 1958.
Sastri, T. V. Kapali: *Lights on the Veda*, Madras 1947.
–: *Further Lights. The Veda and the Tantra*, Pondicherry 1951.
Satprem: *Der Mensch hinter dem Menschen*, Bern 1981.
–: *Sri Aurobindo oder Das Abenteuer des Bewußtseins*, Bern 1973 (NA).
Schleberger, Eckard: *Die indische Götterwelt. Gestalt, Ausdruck und Sinnbild. Ein Handbuch der hinduistischen Ikonographie*, München 1986.
Schluchter, Wolfgang (Hrsg.): *Max Webers Studie über Hinduismus und Buddhismus*, Frankfurt/M. 1984.
Schreiner Peter: *Begegnungen mit dem Hinduismus*, Freiburg 1984.
Siddheswarananda, Swami: *Meditation im Yoga-Vedanta*, Vedanta-Zentrum Wiesbaden, Fulda 1977.

Singh, Mohan: *Botschaft eines Yogi. Universaler Einklang im Yoga*, Bern 1985 (2. A.).
–: *Mystik und Yoga der Sikh-Meister*, Bern 1985 (2. A.).
Sivananda, Swami: *Erfolg in Leben und Selbstverwirklichung*, Weilheim 1965.
–: *Hatha-Yoga*, Gelnhausen 1964.
–: *Kundalini-Yoga*, München-Planegg 1953.
–: *Übungen zu Konzentration und Meditation*, München-Planegg 1959.
–: *Yoga-Praxis für den Westen*, Bern 1976 (2. A.).
Speyer, J. S.: *Die indische Theosophie*, Leipzig 1914.
Stevenson, Mrs. Sinclair: *The Heart of Jainism*, New Delhi 1970.
Stutley, Margaret: *An Illustrated Dictionary of Hindu-Iconography*, London 1985.
Subba Row, T.: *Die Philosophie der Bhagavad Gita*, München 1959.
Tagore, Rabindranath: *Sadhana*, München 1960.
Taimni, Iqbal K.: *Bhakti-Yoga, der Yoga der Hingabe*, München 1984.
–: *Die Wissenschaft des Yoga*, München 1981.
Tattwananda, Swami: *The Quintessence of Vedānta*, Kalandy 1960.
Thompson, Edward J.: *Rabindranath Tagore. His Life and Work*, Oxford 1926.
Tipperudraswami, H.: *The Vīraśaiva Saints*, Mysore 1968.
Torwesten, Hans: *Ramakrishna – Schauspieler Gottes*, Frankfurt/M. 1981.
–: *Ramakrishna und Christus*, Planegg 1980.
–: *Vedanta – Kern des Hinduismus*, Freiburg 1985.
Tyberg, Judith M.: *The Language of the Gods. Sanskrit Keys to India's Wisdom*, Los Angeles 1976.
Verma, Vinod: *Ayurveda. Der Weg des gesunden Lebens*, Bern 1992.
Vivekananda, Swami: *The Complete Works*, 8 Bde., Kalkutta 1957/59 (NA).
–: *Jnana-Yoga. Der Pfad der Erkenntnis*, 2 Bde., Freiburg 1977/83.
–: *Karma-Yoga – Bhakti-Yoga*, Freiburg 1983.
–: *Raja-Yoga*, Freiburg 1983.
–: *Vedanta. Der Ozean der Weisheit*, Bern 1989.
–: *What Religion Is*, Kalkutta 1972.
Vogl, Carl: *Sri Ramakrischna, der letzte indische Prophet*, München 1921.
Vollwahsen, Andreas *Indien. Bauten der Hindus, Buddhisten und Jains*, München 1968.
Winternitz, Moriz: *Geschichte der indischen Literatur*, 3 Bde., Leipzig 1908–22 (Neudruck 1968).
Wolf, Otto (Hrsg.): *So spricht Aurobindo*, München-Planegg 1957.
–: *Sri Aurobindo*, Reinbek 1967.
Yesudian, Selvarajan/Haich, Elisabeth: *Raja-Yoga. Yoga in den zwei Welten*, München 1975 (4. A.).
Yogananda, Paramahansa: *Autobiographie eines Yogi*, Bern 1979 (11. A.).
–: *Flüstern aus der Ewigkeit*, Wörgl 1984.
–: *Kosmetische Lieder*, Wörgl 1985.
–: *Meditation zur Selbstverwirklichung*, Bern 1983 (8. A.).

–: *Religion als Wissenschaft*, Bern 1982 (4. A.).
–: *So spricht Yogananda. Worte des großen Yogi*, Bern 1992.
–: *Wissenschaftliche Heil-Meditationen*, Bern 1983 (7. A.).
–: *Worte des Meisters*, Bern 1973.
Yukteswar Giri, Jnanavatar Swami Sri: *Die Heilige Wissenschaft*, Bern 1984 (bearb. NA).
Zaehner, R. C.: *Der Hinduismus*, München 1964.
Zimmer, Heinrich: *Indische Mythen und Symbole*, Köln 1991 (4. A.).
–: *Die indische Weltmutter*, Frankfurt/M. 1979.
–: *Maya. Der indische Mythos*, Frankfurt/M. 1978.
–: *Philosophie und Religion Indiens*, Frankfurt/M. 1976.
–: *Der Weg zum Selbst. Leben und Lehre des Shri Ramana Maharshi*, Köln 1991 (7. A.).
–: *Yoga und Buddhismus*, Frankfurt/M. 1983.

Personen- und Sachregister